해인으로 가는 길

해인으로 가는 길

도종환 시집

문학동네

차례

1부

11 산경
12 해인으로 가는 길
14 산가
15 저녁숲
18 퇴계의 편지
20 뗏목
22 빨래
24 불두
26 낡은 산사
27 점
30 구절양장
32 돈오의 꽃
33 미황사 편지
36 실상사

2부

빈 방	41
점자	44
축복	46
산벚나무	48
낙화	49
봄비	50
봄의 줄탁	52
나비	53
부드러운 속도	54
길	56
호랑지빠귀	58

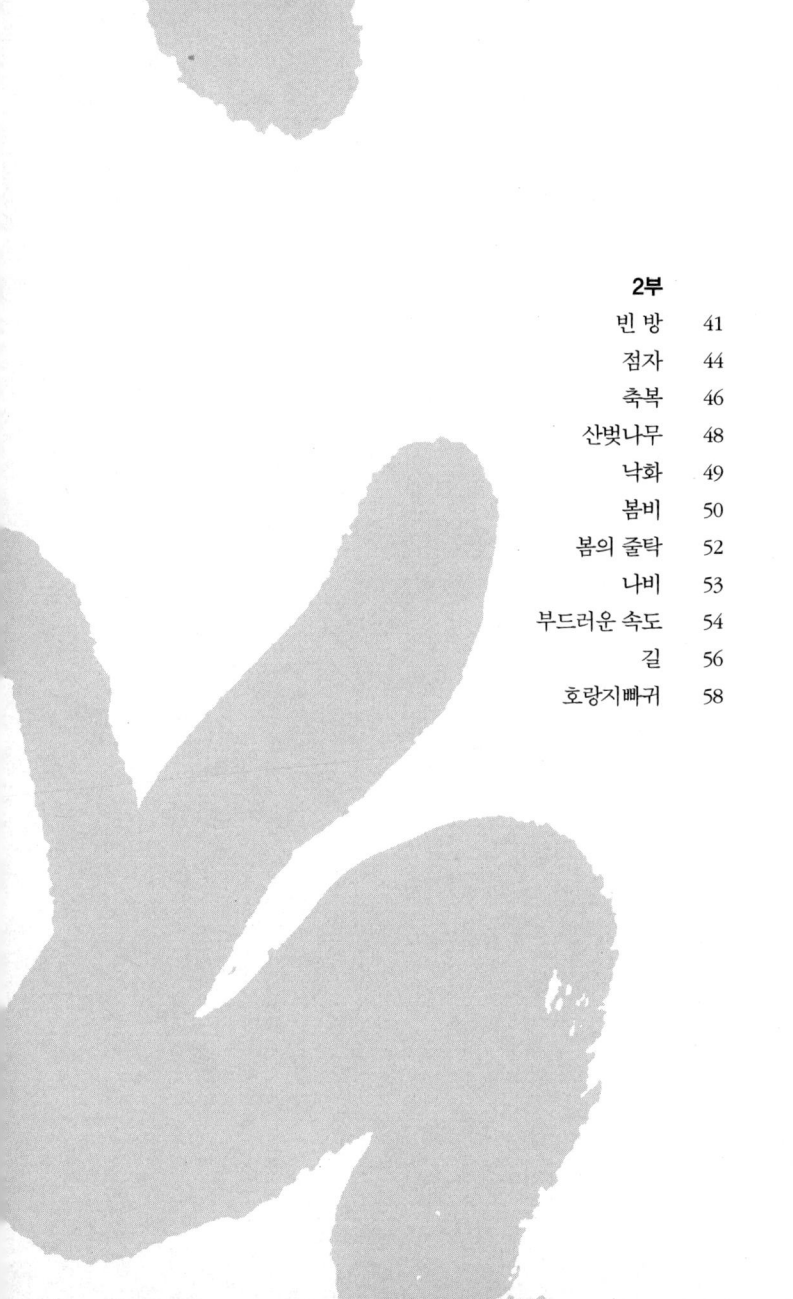

3부

- 61 처음 가는 길
- 62 연필 깎기
- 64 두 시간
- 67 무인도
- 68 고요한 강
- 70 듀엣
- 72 내 안의 시인
- 74 숲의 식구
- 76 공복
- 77 밀물
- 78 우기 마지막 날
- 80 낙조

4부

매미	83
다시 가을	84
저녁노을	86
슬픔에게	89
별	90
늙은 자화상	92
갈필	94
은파	95
깊은 가을	98
구두 수선집	100
어두워질 무렵	102
억새	103

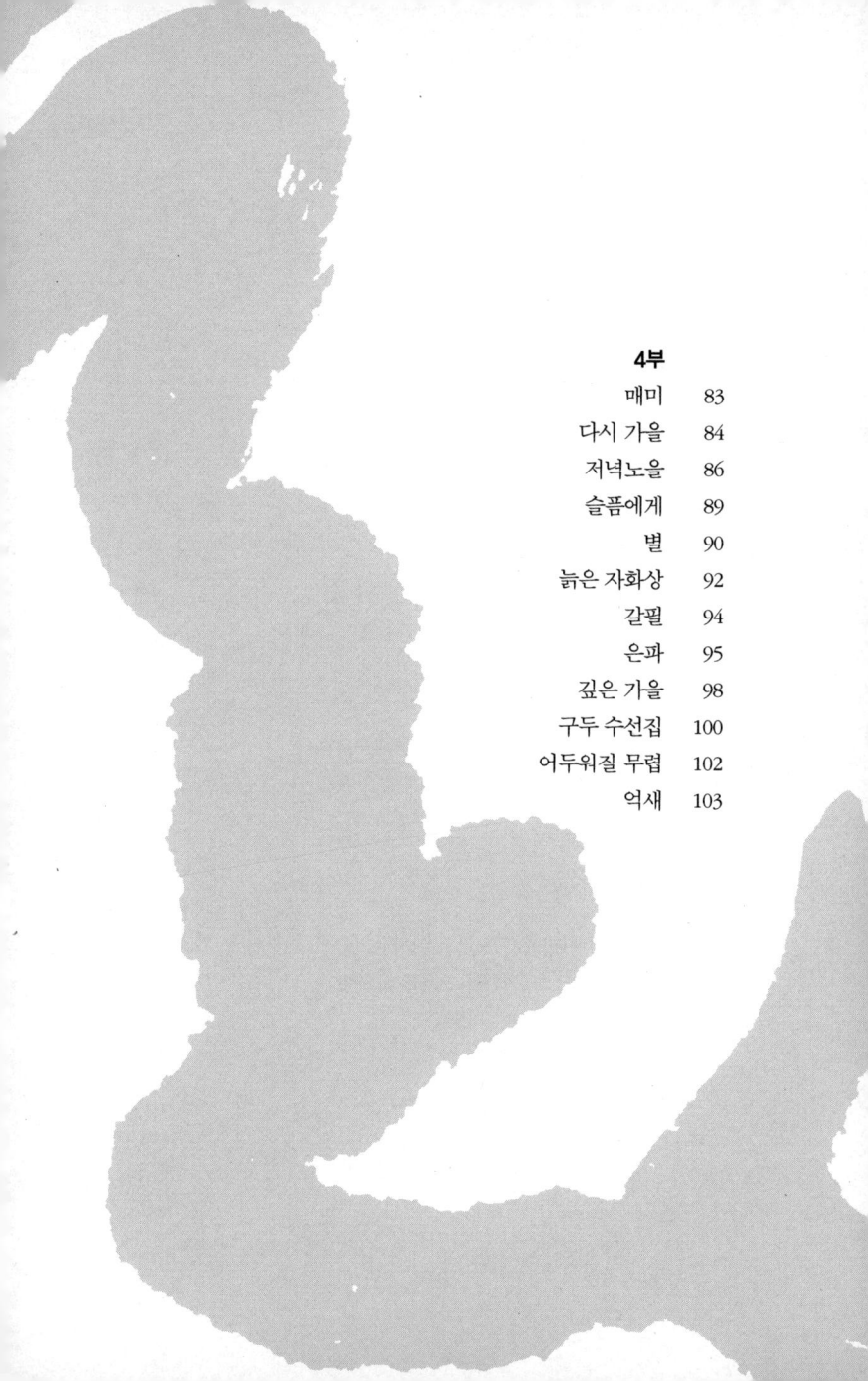

5부

- 109 시래기
- 110 생애보다 긴 기다림
- 112 공어
- 113 피반령
- 114 폐타이어
- 116 청년
- 117 십일월의 나무
- 118 가구
- 120 전 재산
- 122 참나무 장작
- 123 겨울산방
- 124 눈꽃
- 126 재
- 127 별들의 휴가

- 131 시인의 말 산방에서 보내는 편지
- 143 해설 | 이문재 그의 귀환, 우리들의 출발

1부

산경

하루 종일 아무 말도 안 했다
산도 똑같이 아무 말을 안 했다
말없이 산 옆에 있는 게 싫지 않았다
산도 내가 있는 걸 싫어하지 않았다
하늘은 하루 종일 티 없이 맑았다
가끔 구름이 떠오고 새 날아왔지만
잠시 머물다 곧 지나가버렸다
내게 온 꽃잎과 바람도 잠시 머물다 갔다
골짜기 물에 호미를 씻는 동안
손에 묻은 흙은 저절로 씻겨내려갔다
앞산 뒷산에 큰 도움은 못 되었지만
하늘 아래 허물없이 하루가 갔다

해인으로 가는 길

화엄을 나섰으나 아직 해인에 이르지 못하였다
해인으로 가는 길에 물소리 좋아
숲 아랫길로 들었더니 나뭇잎 소리 바람 소리다
그래도 신을 벗고 바람이 나뭇잎과 쌓은
중중연기 그 질긴 업을 풀었다 맺었다 하는 소리에
발을 담그고 앉아 있다
지난 몇십 년 화엄의 마당에서 나무들과 함께
숲을 이루며 한 세월 벅차고 즐거웠으나
심신에 병이 들어 쫓기듯 해인을 찾아간다
애초에 해인에서 출발하였으니
돌아가는 길이 낯설지는 않다
해인에서 거두어주시어 풍랑이 가라앉고
경계에 걸리지 않아 무장무애하게 되면
다시 화엄의 숲으로 올 것이다
그땐 화엄과 해인이 지척일 것이다
아니 본래 화엄으로 휘몰아치기 직전이 해인이다
가라앉고 가라앉아 거기 미래의 나까지

바닷물에 다 비친 다음에야 화엄이다
그러나 아직 나는 해인에도 이르지 못하였다
지친 육신을 바랑 옆에 내려놓고
바다의 그림자가 비치는 하늘을 올려다보며 누워 있다
지금은 바닥이 다 드러난 물줄기처럼 삭막해져 있지만
언젠가 해인의 고요한 암자 곁을 흘러
화엄의 바다에 드는 날이 있으리라
그날을 생각하며 천천히 천천히 해인으로 간다

산가

어제 낮엔 양지 밭에 차나무 씨앗을 심고
오늘 밤엔 마당에 나가 별을 헤아렸다
해가 지기 전에 소나무 장작을 쪼개고
해 진 뒤 침침한 불빛 옆에서 시를 읽었다
산그늘 일찍 들고 겨울도 빨리 오는 이 골짝에
낮에도 찾는 이 없고 밤에도 산국화뿐이지만
매화나무도 나도 외롭다는 생각은 하지 않았다
매화는 매화대로 나는 나대로 그냥 고요하였다

저녁숲
―스콧 니어링을 그리며

모란꽃도 천천히 몸을 닫는 저녁입니다
같은 소리로 우는 새들이 서로 부르며
나뭇가지에 깃들이는 걸 보며 도끼질을 멈춥니다
숲도 오늘은 여기쯤에서
마지막 향기를 거두어들이는 시간엔
나무 쪼개지는 소리가 어제 심은 강낭콩과 감자에게도
다람쥐와 고라니에게도 편하지 않을 듯싶습니다
흩어진 장작을 추녀 밑에 가지런히 쌓으며
당신을 생각했습니다
당신이 주류사회에서 두 번씩이나 쫓겨난 뒤
버몬트 숲속으로 들어갈 때는
진보에 대한 희망도 길도 잃었고
세상으로부터 철저히 소외되었지만
그 대신 거대한 광기와 파괴와 황폐함에서
벗어날 수 있었습니다
흐르는 물에 이마를 씻고
바위 위에 앉아 생각해보니

당신처럼 오늘 하루 노동하고 읽고 쓰고
자연과 사람의 좋은 만남을 가지진 못했습니다
그러나 흩어진 나무토막과 잔가지들을
차곡차곡 쌓듯 내 삶도 이제는
흐트러지지 않고 질서가 잡힐 것이며
옷에 묻은 먼지를 툭툭 털며
천천히 그리고 간소하게 저녁을 맞이할 것입니다
어둠이 숲과 계곡을 덮어오자
땅 위에 있는 풀과 나무들이 일제히 별을 향해
손을 모읍니다
우리 모두 똑같은 생명을 지닌 한 가족이며
크고 완전하고 넓은 우주의 품에 들어
넉넉하고 평온해지기를 소망하는 소리가 들립니다
오늘 밤은 아직 구름에 가린 별들이 많고
내 마음에도 밤안개 다 걷히지 않았지만
점차 간결한 삶의 단순성에 익숙해지고
일관성을 잃지 않으며

내 눈동자가 우주의 빛을 되찾으면
별들이 이 골짜기에 가득가득 몰려올 것임을 믿습니다
내 안에 가득 차 있던 것들 중에
빠져나갈 것은 빠져나가고
제자리로 돌아올 것은 돌아와
자리를 잡아가는 동안
얼굴도 웃음도 제 본래 모습을 되찾고
의로움도 선함도 몸속에서 원융하여
당신처럼 균형잡힌 인격이 되어간다면
얼마나 좋겠습니까 그러면
여름산도 가을숲도 다 기뻐할 것입니다
생의 후반에 당신을 알게 되어서 기쁩니다
생사의 바다를 건넌 곳에서도 편안하시길 빕니다
숲속에서도 별밭에서도 늘
완성을 향해 가고 있을 당신을 그리며

퇴계의 편지

일찍이 저보邸報를 보고서
고비皐比를 걷었다는 걸 알았습니다*
그믐께 남쪽으로 돌아가기를 정했다니
축하할 일입니다
저는 지난해 돌아와 사직을 청했으나
허락받지 못했습니다
뜻이 이루어질 때까지 계속 글을 올려
이 소원 이루어지면
산은 더욱 깊어지고 물은 더욱 멀어지며
글은 더욱 맛나고 가난은 더욱 즐거울 것입니다
나아감과 물러남에 구차함이 있어서는 안 됩니다
자신만 깨끗하고자 의리를 어지럽혀선 안 되지만
의를 잊고 벼슬만 좇아서도 안 된다 하였습니다
세상을 살면서 나아가기도 하고 물러나기도 하며
때를 만나기도 하고 만나지 못하기도 하지만
몸을 깨끗이하고 의를 행할 뿐이지
화복은 논할 바 아닙니다

다만 학문을 이루지도 못했으면서 자신을 높이고
시대를 헤아리지 못했으면서
세상을 일구는 데 용감했던 것이 실패한 까닭이니
반드시 경계해야 합니다
언제나 빼앗을 수 없는 의지와
꺾을 수 없는 기개 속일 수 없는 식견을 지니고
담금질해 발뒤꿈치 땅에 단단히 붙여
허명과 이익과 위세에 넘어가지 않길 바랍니다
원컨대 밝은 덕 높이는 노력을
머리가 하얗게 셀 때까지 하기로 약속합시다
삼가 편지를 올려 이별을 대신합니다
경오** 맹춘 스무나흘 황은 머리를 숙입니다

---

* 고비를 걸었다는 건 스승의 자리에서 물러난다는 뜻이다. 여기서는 성균관 대사성의 직분에서 물러났음을 가리킨다.
** 경오년은 1570년 선조 3년이다. 벼슬을 버리고 낙향하는 고봉 기대승에게 쓴 편지이며 황은 퇴계 선생 자신의 이름이다.

뗏목

물결이 철썩철썩 아랫도리를 때립니다
물가에 엎드려 그대에게 절합니다
무릎 꿇고 그대에게 용서를 청합니다
그대와 끝까지 함께 가기로 한 언약을
지키지 못하게 되었습니다
여기까지 나를 데려다준 나룻배 같은 그대를
남은 생애 내내 잊지 못할 것입니다
그대와 함께는 산맥을 넘을 수 없기에
그대를 가슴에 품고 갑니다
그대와 함께 태극의 세상을 이루고자 했으나
저는 무극까지 가고자 합니다
어찌 보면 금강경도 뗏목입니다
매일매일 연비로 태워 몸에 새겨도 모자랄
심경이지만 그것도 뗏목입니다
뒷날 그대가 이 물을 건너와 산을 넘다가
마지막 산맥을 다 못 넘고
쓰러져 있는 뼈 몇 개 있거든

거기까지 간 것만으로도 기뻐해주세요
뼈라도 따뜻하게 안아주세요
제 발을 때리는 물소리들이
뺨을 때리고 싶어했다는 걸 잊지 않으며
돌아서 가겠습니다

빨래

골짜기 깊숙한 곳까지 내려와 머물던
비구름이 몸을 풀어 올라갔다가는 다시
산허리를 감싸안고 낮게 내려오길 이레째
선방 뒤를 돌아 개울물이 소리치며 흘러간다
먹물 묻은 손을 씻어낸 뒤
옷가지를 물에 담가 헹군다
동백꽃 붉은 꽃송이가 머리째 툭 떨어진다
아직 고운 자태가 그대로 남아 있는 꽃이
뗏물과 섞여 떠내려간다
내가 지은 업이 물에 씻겨가길 바라며
비누칠을 하다가 아름답던 날들까지도
흘려보내야 함을 안다
선업도 업이 아닌 것은 아니다
그 안에 자만과 욕심과 허영의 얼굴이
섞여 있기 때문이 아니다
이 속옷을 빨아 다시 향기롭기를 바라기보다
선업도 악업도 햇빛에 다 날아간 뒤

그저 물 마른 냄새만 남길 바란다
다만 지워지고 씻기어 텅 빈 우주의 흔적이
거기 와 머문다면 좋겠다
나마저도 씻겨내려가
마음자리에 허공만 남는다면
고요히 비어 있는 충만 가운데
바람 소리 물소리 소리 없이 스민다면

불두

햇빛 좋은 휴일 오후 골목을 접어들다
길바닥에 팔려나온 불두를 보았다
중국이나 동남아에서 온 거겠지
싸구려야 몇십 배나 남겨먹는지 몰라
같이 가던 신선생님은 좌판에 놓인 것들을
훑어보며 한마디 하셨다
그러나 밥을 먹고 나와 다른 길로 가면서도
목이 잘린 그 불상이 자꾸 눈에 밟혔다
돌아오는 길 다시 거길 찾아갔다
몸뚱이를 잃고서도 고통스러워하지 않는 표정
오히려 더 잔잔해진 입매와
온화하게 감은 눈은 깊고 평온했다
해 뜨는 쪽에서는 평화롭고 담백한 얼굴이
해 지는 쪽에서 보면 선하고 순한 동안이었다
가진 돈이 모자라 돈을 마련하러 가는 길에
불상가게에 들러 수백의 부처 얼굴을 보아도
내가 찾는 얼굴은 없었다

바다가 보이는 백련사 선방에서 만났던 부처 얼굴
스님 말씀은 귀에 안 들어오고
자꾸만 눈길이 가던 손바닥만한
좌불의 얼굴이 떠올랐다
불두를 안고 돌아오면서
돌멩이보다 더 무거운 마음의 덩어리만
불구되어 팔려다니지 말고
나도 이승에서 잃어버린 몸을 만나야 할 것 같았다
윤회가 끝나기 전 어느 생의 골목에서
눈물 자국도 핏방울도 다 지워진 육신을

낡은 산사

벼랑에 장하게 솟은 느티나무를 끼고 돌자
다스름향 사르는 냄새가 싸아하게 번져왔다
들마루에 머윗잎과 곰취가 눅눅한 몸을
푸른 햇살에 맡기고 누워 있는 걸 보면
멀리 가시진 않은 것 같은데
스님은 불러도 대답이 없다
이 골짜기 들어온 지 쉰네 해라 하면서도
아직 막내아들 걱정을 다 놓지 않은 스님은
속내의 바람에 약초밭을 매곤 했다
다디단 자두꽃 향기만 절 마당 가득하고
앞산엔 산벚나무 환하게 몸을 밝혔다
장끼가 깃을 치며 우짖는 소리에
산 그림자 부르르 몸을 떨었다

점

그쳤던 비가 다시 내리기 시작합니다
비안개에 잠겼던 산은 어둠 속에 몸을 묻습니다
소리 없이 내리는 비에 사과꽃 가뭇없이 지는 동안
당신을 생각했습니다
당신은 다 버리셨는지요
저도 그 할머니에게서 떡을 사 먹었습니다
이제 막 솟아나는 붓꽃 꽃대를 꺾어
현재심에 점을 찍었습니다
허기와 목마름에도 솔직해야 하고
그래서 정직하게 노동해야 하고
업의 시작인 몸 그 몸의 목소리에도
있는 그대로 대답해야 하기 때문입니다
사랑하는 이를 데리고 가는 길이
등짐을 지고 늪으로 들어가는 일이라 하여도
그를 버리고 저만 강을 건널 순 없습니다
자식이 번뇌의 씨앗이란 걸 알지만
샤카무니께서 그러하셨듯 발 씻은 물과 물그릇을

산산조각내면서 꾸짖어 가르쳐서라도
데리고 갈 수밖에 없습니다
이들과 함께 물을 건너 강가에 이르지 않고
저 혼자만 꽃등을 밝힐 순 없습니다
내 이런 말과 마음이 카르마의 시작임을 압니다
그러나 내 몸이 업의 출발이라면
업의 끝도 거기 있지 않겠습니까
카르마의 바다 한가운데를 건너가야
카르마를 넘어설 수 있는 길이 있는 건 아닌지요
불을 꺼버리시는군요
불을 청하던 손 안에 어둠만 건네주시는군요
지고 온 금강경을 다 태워도
불은 그만큼의 크기로 타오르다가 사라집니다
제 목숨으로 불을 밝혀 제 앞에 놓인 어둠을
헤쳐가란 말씀으로 새기겠습니다
어둠의 안도 없고 밖도 없어야
무명에서 벗어나는 것이라고 받아들이겠습니다

사방이 캄캄합니다
어둠 속에서 잣나무도 붓꽃도 산까치도
한 점 한 획이 되어 고요히 찍혀 있습니다
저도 누군가가 찍은 작은 점입니다
몸은 젖었지만 빗소리 안 들리고 밤은 깊어
숲과 하늘이 어둠으로 하나 되어가는 동안
저마다 제 몸을 밝혀 크나큰 어둠의 품안에 들면서
우주가 되어가고 있습니다

구절양장

불면으로 시달리던 뼈마디들을 장작으로 후려패어
몸이든 마음이든 사정없이 후려패어
쓰러뜨리고 싶던 밤이 지나고
다시 낮이 찾아왔지만 날은 하루 종일 흐렸다
물빛은 갈수록 짙어지고
오동나무 꽃향기 눈가에 내리는데
혼곤해진 육신을 나무에 기대고 앉아
하루 종일 바람 부는 숲만 바라보았다
번뇌를 한 짐 지고 와 앉아 있으면
산속에 들어와 있어도 하수구 냄새가 난다
굽이굽이 어리석기가 구절양장이다
바람에 진종일 씻어 말려야
겨우 마른나무 냄새가 날까 말까 한다
조금 걸었다 싶은데 제자리를 맴도는 날이 많다
제 몸을 지키기 위해 두릅나무처럼
살 하나하나 가시가 되어 치열하지도 못하고
물푸레나무처럼 적요하지도 못하다

목어처럼 속을 다 긁어내고 두드려봐도
배부른 소리가 울리는 날이 있고
손을 다쳐가며 목판에 경전 한 권을 새긴 것 같은데
대팻밥에서조차 썼다 지운 아집의 냄새가 가득하다
지금 아니면 어느 때 다시 풍경 소리로
울릴 수 있을 것인가
여기서 길 만나지 못하면
어디서 다시 길을 찾을 수 있을 것인가
갈참나무 잎 하나도 제 몸을 가장 청정하게
가꾸어야 할 때가 언제인지를 알거늘
생의 벼랑이고 길인 날들 앞에 서서
한순간에 벼랑을 만나고 한순간에
길에 들 수 있는 백척간두에 서서
얼마나 더 주저하고 타태해야 한단 말인가
얼마나 더 미혹의 굴 속을 헤매야 한단 말인가
어리석기가 굽이굽이 구절양장이다

돈오의 꽃

깨달음을 얻은 뒤에도
비 오고 바람 분다

연꽃 들고 미소짓지 말아라
연꽃 든 손 너머
허공을 보지 못하면
아직 무명이다

버리고 죽어서
허공 된 뒤에
큰 허공과 만나야
비로소 우주이다

백 번 천 번 다시 죽어라
깨달음을 얻은 뒤에도
매일 별똥이 지고
어둠 몰려올 것이다

미황사 편지

집 나온 지 아흐레가 되었습니다
새벽예불을 마칠 때가 되어서야
소쩍새도 울음을 그쳤습니다
삼경에서 새벽까지 우는 밤새도
풀리지 않는 번뇌가 있는 걸까요
동쪽 봉우리 위에 뜬 북두칠성이
바다 쪽으로 발을 뻗을 때까지 뒤척이는 별들은
무슨 고뇌를 안고 골똘히 밤을 지새는 걸까요
금강스님은 동백나무를 보며
그늘에서 자라는 동백은 사월이 갈 때까지도
붉게 핀다 하셨지요
빛을 빼앗기고 억센 참나무 둥치에 시달리며
자라는 동안 긴장을 늦추지 않는 치열한 정신이
뜨겁고 고운 꽃을 오래 피우는 거겠지요
그러나 저는 시련에 대해
말하려는 게 아닙니다
저는 지금 소멸과 빛에 대해 말하려는 겁니다

사람답게 사는 빛의 길을 찾아 여기까지 왔습니다
그러나 사람답게 사는 일과 같은 굵기로 꼬인
번뇌의 억센 동아줄에 몸이 묶여 괴로워하고 있습니다
모순과 싸워 이긴 날들의 업적과
똑같은 크기로 쌓이는 이 업은 또 어이해야 합니까
그물과 나와 세상이 함께 찢어지고
피투성이가 되어서 짐승의 우리에서 벗어나고자
몸부림쳐왔습니다 그러나
세월 흘러도 핏자국은 왜 지워지지 않는 겁니까
빛이 보이는 곳을 향해
이렇게 많은 산을 넘어왔는데
진정으로 자유로워지지 않는 까닭은
어디에 있습니까
달마산 바위에 앉아 바다를 바라봅니다
오늘도 저 숲과 나무들은 온종일
바람에 시달릴 것입니다
어떤 나무들은 허리가 휘기도 하고

나 같은 나무들은 이파리를 매단 관절 마디마디가
바늘로 찌를 듯이 아플 것입니다
언제쯤 무명의 밤이 지나고
적멸의 새벽을 맞이하게 될까요
새도 달마산도 별도 사람도 맑고 고요해져
자기 자리를 찾아가게 될까요
그대 먼저 길을 찾아가시면
부디 발자국 하나라도 남겨주세요
그대 발에 밟혔다 누운 풀잎을 흔들며
그 뒤를 따르겠습니다
버드나무 씨앗처럼 가벼워져서
골짜기 물처럼 알몸으로 투명해져서

실상사
—정도상에게

사람들은 네가 흰 소에 대해 말하는 줄 알지만
너는 불타는 집에 대해 말하고 있다
우리가 찾고자 하는 궁극이 흰 소인 줄 알지만
흰 소도 방편일 뿐
실상사 빈 방에 누워
불에 데이고 지친 몸을 식히기도 하고
스님이 건네주는 차 한 잔에
가벼운 평온을 얻어마시며
불타는 집의 몸서리치는
기억에 대해 이야기하기도 하지만
실상사에 다녀온 것만으로
실상사를 만난 것은 아니다
실상사는 네가 버리고 온 고향집 마당에도 있고
아직도 운동판을 떠날 수 없는
몇 명의 관음보살 얼굴에도 있다
네가 만나야 할 것은 진여실상
매일같이 네 안에서 너를 태우며

다시 살아나는 불길을 잡고
집을 태우는 불길마저 꺼버려
제법무아諸法無我 거기까지 갔을 때
언덕 이쪽의 불타는 집과
저쪽의 교조적인 집까지 뛰어넘었을 때
너는 비로소 네 안에 실상사를
세우는 것이다
네 안의 실상사
그리고 내 안의 실상사를

2부

빈 방

하루 일을 끝내고 돌아오는 길
스펀지가 물을 빨아들이듯이
먼 산이 어둠을 천천히 빨아들이는 것이 보일 때
저녁하늘이 어둠의 빛깔을 몸 가득 머금는 것이 보일 때
늘 가던 길에서 내려 샛길로 들고 싶다
어디 종일 저 혼자 있던 빈 방이 나를 좀 들어오도록
허락해주면 좋겠다
적막함이 낯설음을 말없이 받아주는 방
적막의 서늘한 무릎을 베고
잠시 누워 있게 해주면 좋겠다
그 동안 살면서 너무 많은 말을 하였으므로
말없이 입을 닫고 있어도 불편해하지 않고
먼저 지쳐 쓰러진 적이 있던 그가
오늘 지친 모습으로 들어온 하루치의 목숨을 위해
물 끓이는 소리를 들려주면 좋겠다
처음엔 모두들 이렇게 어색한 얼굴로
주뼛거리기도 하다가 사랑을 알아가는 것이므로

문 밖으로 천천히 내려오던 어둠이
멋쩍어하는 우리의 얼굴을 잠깐씩 가려주기도 하고
우리가 늘 타향을 전전하며 살고 있으므로
고향을 너무 멀리 떠나왔으므로
고향이 어딘지 묻는 것만으로도 말문이 트이고
비슷한 어린 시절의 이야기 하나 추억처럼
꺼내놓아도 서로를 즐겁게 긍정하고
내 몸을 꽁꽁 묶으며 나를 긴장시키는 게 일이던
끈들을 느슨하게 풀고
비슷한 사투리만으로도 익숙한 입맛을 만나는 저녁시간
몇 잔의 편안함이 술향기로 번져오는
순간 순간을 나누어 마시며
웃음이 번져가는 사람 하나
곁에 있어주면 좋겠다
어둠 속에서 만나는 객창감이 좋고
낯선 시간들과 두런두런 이야기를 나누다가
오른팔로 팔베개를 하고는

나도 모르는 사이에 스르르 잠이 들면
잠시 사라수나무 그림자 몸에 와 일렁이고
내 겉옷을 들어 잠든 나를 덮어주는
이름 모르는 사람 하나 곁에 있으면 좋겠다

점자

 앞을 못 보시던 할아버지는 소리만으로 세상을 읽으셨다 안방에 오도카니 앉아 계시다가 노을 묻은 발로 가만가만 마루청 밟는 소리만 들으시고도 민환이냐 하고 내 이름을 부르셨다

 노안이지만 개안수술에 성공하여 말년에는 희미하게나마 세상을 보시던 외할아버지는 대문 옆에 쪼그려 앉아 얼고 있는 거지를 발견하면 사랑방 당신과 나 사이에 데려다 재우셨다 아무도 못 보는 거지를 외할아버지만 보셨다

 냉랭한 골목에 아버지가 방 한 칸을 얻어 구멍가게를 내고 국수틀을 돌리던 강원도집 허기진 몸처럼 축축 늘어지던 국숫발 너머 안채의 주인집 큰딸도 장님이었다 그 여자는 그러나 손끝으로 세상을 다 읽었다 여섯 식구 젓가락을 손으로 일일이 구분하여 식탁의 정해진 자리에 놓았고 손끝으로 나보다 더 많은 책을 읽었다

그 시절 내가 처음 만져보았던 오톨도톨한 점자가 오늘 밤은 하늘 위에 떴다 하늘 위에 뜬 점자들을 손끝으로 만져나가다 어머니, 아버지, 보고 싶은, 그런 글자를 만난다 열몇 살 때부터 편지 앞에 수없이 썼던 글자들 겨울이면 산맥 위로 총총히 돋아나던 외로운 점자 초저녁부터 북두칠성이 머리 위에 와 서늘한 바람의 물줄기를 쏟아붓는 봄밤에 오래 잊은 글자 하나 찾으려고 하늘 여기저기를 더듬거리다 손을 내린다

 그러다 가만히 눈을 감고 하늘의 소리를 듣는다 할아버지 외할아버지의 목소리를 듣는다 별들의 점자가 손끝으로 내려오는 게 느껴진다

축복

이른 봄에 내 곁에 와 피는
봄꽃만 축복이 아니다
내게 오는 건 다 축복이었다
고통도 아픔도 축복이었다
뼈저리게 외롭고 가난하던 어린 날도
내 발을 붙들고 떨어지지 않던
스무 살 무렵의 진흙덩이 같던 절망도
생각해보니 축복이었다
그 절망 아니었으면 내 뼈가 튼튼하지 않았으리라
세상이 내 멱살을 잡고 다리를 걸어
길바닥에 팽개치고 어둔 굴 속에 가둔 것도
생각해보니 영혼의 담금질이었다
한 시대가 다 참혹하였거늘
거인 같은, 바위 같은 편견과 어리석음과 탐욕의
방파제에 맞서다 목숨을 잃은 이가 헤아릴 수 없거늘
이렇게 작게라도 물결치며 살아 있는 게
복 아니고 무엇이랴

육신에 병이 조금 들었다고 어이 불행이라 말하랴
내게 오는 건 통증조차도 축복이다
죽음도 통곡도 축복으로 바꾸며 오지 않았는가
이 봄 어이 매화꽃만 축복이랴
내게 오는 건 시련도 비명도 다 축복이다

산벚나무

아직 산벚나무 꽃은 피지 않았지만
개울물 흘러내리는 소리 들으며
가지마다 살갗에 화색이 도는 게 보인다
나무는 희망에 대하여 과장하지 않았지만
절망을 만나서도 작아지지 않았다
묵묵히 그것들의 한복판을 지나왔을 뿐이다
겨울에 대하여
또는 봄이 오는 소리에 대하여
호들갑떨지 않았다
길이 보이지 않는다고 경박해지지 않고
길이 보이기 시작한다고 요란하지 않았다
묵묵히 묵묵히 걸어갈 줄 알았다
절망을 하찮게 여기지 않았듯
희망도 무서워할 줄 알면서*

* 루쉰의 글 「고향」에서 인용.

낙화

 기다리던 사람 대신 못 온다는 기별이 밤 늦게서야 오고 난 뒤 이틀만, 아니 하루만 기다려달라는 내 청을 비바람은 들어주지 않았다 살림을 산산이 부수던 이웃집 사내처럼 바람은 밤새 몽둥이를 휘둘러대었다 벚꽃송이고 오얏꽃 향기고 앵두꽃잎이고 모조리 깨고 부수어버렸다 함께 보고 싶었던 꽃들을 조각조각 내 마당에고 텃밭에고 마구 집어던졌다 거덜난 자의 심정으로 나는 꽃잎이 부서지고 흩어진 나무 옆에 앉아 망연자실하였다

봄비

새벽에 기관총 소리에 놀라 잠에서 깨어났다 두두두두두 지붕을 때리는 소리 연못 위로 방울방울 구멍을 내며 쏟아지는 소리 나뭇단 위에도 다릿돌에도 맑은 총알의 파편이 튀었다 대나무들은 머리채를 풀어 흔들며 등뼈로 총알을 튀겨내고 냉이며 쑥이며 풀들은 피할 새도 없이 꼼짝 못 한 채 총을 맞고 있었다 겨울 적막하고 건조한 날들을 이렇게 끝장내겠다는 듯이 다연발 자동소총을 쉼없이 쏘아댔다

총소리에 놀라 깨어 일어난 것은 나만이 아니었다 멧비둘기 산꿩이 오랜만에 총소리의 서늘한 습도에 목청을 씻었고 총소리 잠시 잦아드는가 싶으니 다람쥐가 꼬리를 치켜들고 쪼르르 달려나와 연못물을 마시며 몸을 털었다

어제는 이십몇 년 만에 걸려온 전화를 받았다 저예요 이십몇 년 전의 목소리 태연한 듯 다시 잠든 열망을 깨우는 목소리 나는 불이 켜지지 않는 창을 올려다보며 밤을 새웠다 그녀는 그날 새벽까지 돌아오지 않았고 새벽은 그만 돌아가라고 나를 떠밀었다 새벽 때문이 아니라 결국 새벽이 오고 말았다는 난감함에 밀려서가 아니라 귀대날짜가 정해져 있었으므로

돌아설 수밖에 없었다 밤새 나를 덮었던 어둠은 지워지고 내 등뒤에만 남아 있었다 나는 그 어둠과 함께 돌아왔다 돌아와 메마른 봄언덕을 향해 다연발 자동소총을 갈겼다 아카시아 뿌리가 찢어져 허옇게 드러나고 두두두두두 총소리의 끝에 이어지는 침묵의 순간들이 몹시 길어 그 사랑은 옛사랑이 되고 말았다 소중하여 아끼고 아끼다 날려버린 사랑의 유탄 사랑은 거기서부터 마지막 몇 개의 탄피처럼 말없음표를 툭 툭 찍으며 떨어져 세월 속에 묻혔다 저예요 구름이 빠르게 흘러가고 있었다 가장 뜨거운 날들이 속절없이 저 혼자 지나가고 묻히고 지워졌다

  돌이킬 수 없는 날들의 끝에서 봄비가 쏟아지고 태연하게 돌아와 풀들을 깨우고 두두두두두 기관총을 난사하고

봄의 줄탁

　모과나무 꽃순이 나무껍질을 열고 나오려고 속에서 입술을 옴질옴질거리는 걸 바라보다 봄이 따뜻한 부리로 톡톡 쪼며 지나간다
　봄의 줄탁
　금이 간 봉오리마다 좁쌀알만한 몸을 내미는 꽃들 앵두나무 자두나무 산벚나무 꽃들 몸을 비틀며 알에서 깨어나오는 걸 바라본다
　내일은 부활절

　시골 교회 낡은 자주색 지붕 위에 세워진 십자가에 저녁 햇살이 몸을 풀고 앉아 하루 종일 자기가 일한 것을 내려다보고 있다

나비

누가 너를 용서하지 않을 수 있으랴
네가 생각하기조차 싫은
끔찍한 모습의 벌레로 살았다 할지라도
누가 너를 사랑하지 않을 수 있으랴
온몸에 독기를 가시처럼 품고
음습한 곳을 떠돌았을지라도
바로 그렇기 때문에
너의 고통스러운 변신을
기뻐하는 것이다
네가 지금은 한 마리
작은 나비에 지나지 않을지라도

부드러운 속도

걸음을 멈추고 회화나무 아래 앉아 있다
시간은 내게 풀잎이 이슬 젖은 몸을 말리며
천천히 일어서는 속도로 왔다가
수련이 열었던 꽃을 닫는 걸음걸이로
나를 지나가는 게 보인다
멈추니까 시간이 보인다
속도의 등에서 내려 이렇게 멈추어 있는 동안
속도는 오늘도 정해진 궤도를 거침없이 달려가고
내 다시는 궤도의 끝자리에 다다를 수 없어
많은 것을 놓치리란 예감이 든다
생활은 다시 회복되지 않을지도 모른다
그러나 더 갔더라도 언젠가는 내렸을 것이다
내리니까 비로소 내가 보인다
내리고 나니까 가까운 이들의 얼굴이
꽃으로 보이고 꽃의 숨소리가 들린다
속도가 속도를 반성하지 않는 것*에 대해
내가 할 수 있는 최소한의 저항으로

택할 수 있는 것들이 많지 않다
나도 여기서 멈추고
더이상 진행되지 않을지 모른다
그러나 멈추어 선 숲도
언제나 생명의 기운으로 가득하고
눈을 감고 미동도 않는 저 산도
살아 있는 것들로 가득하다
회화나무 아래 걸음을 멈추고 앉아 있으니
하늘에 비친 세상의 얼굴이 보인다

* 김수영의 시 「절망」의 한 구절.

길

우리 가는 길에 화려한 꽃은 없었다
자운영 달개비 쑥부쟁이 그런 것들이
허리를 기대고 피어 있을 뿐이었다
그래서 빛나는 광택도
내세울 만한 열매도 많지 않았지만
허황한 꿈에 젖지 않고
팍팍한 돌길을 천천히 걸어
네게 이르렀다

살면서 한 번도 크고 억센 발톱과
쩌렁쩌렁 울리는 목청을 가져본 적이 없었다
귀뚜라미 소리 솔바람 소리
돌들과 부대끼며 왁자하게 떠드는 여울물 소리
그런 소리와 함께 살았다
그래서 형제들 앞에서 자랑할 만한 음성도
세상을 호령할 명령문 한 줄도 가져보지 못했지만
가식 없는 목소리로 말을 걸며

네게 이르렀다

낮은 곳에는 낮은 곳에 어울리는 목소리가 있다
네 옆에 편안히 앉을 수 있는 빈자리가 있다

호랑지빠귀

기교를 버리면 새소리도 빗줄기를 수평으로 가른다
깊은 밤 무덤가 또는 잔비 내리는
새벽숲 초입에서 우는 호랑지빠귀
사방이 단순해지고 단순해져
오온이 모두 한곳으로 모이는 때
새는 노래도 버리고 울음도 버려 더욱 청아해진다
한숨에 날을 세워 길게 던지는 소리인 듯도 하고
몸의 것들을 다 버린 소리의 영혼인 것도 같은
호랑지빠귀 소리는
단순해지면 얼마나 서늘해질 수 있는지 알려준다
금관악기 소리보다 흙피리 소리가 왜
하늘과 땅의 소리를 더 잘 담아내는지 가르쳐준다
깊은 밤 어둠을 가르고 미명의 비안개를 자르고
그 속에서 둘이 아니고 하나인
정과 동을 거느리는 소리
기교를 버려 단순해진 소리가 왜
가장 맑은 소리인지 들려주는
호랑지빠귀 소리

3부

처음 가는 길

아무도 가지 않은 길은 없다*
다만 내가 처음 가는 길일 뿐이다
누구도 앞서 가지 않은 길은 없다
오랫동안 가지 않은 길이 있을 뿐이다
두려워 마라 두려워하였지만
많은 이들이 결국 이 길을 갔다
죽음에 이르는 길조차도
자기 전 생애를 끌고 넘은 이들이 있다
순탄하기만 한 길은 길 아니다
낯설고 절박한 세계에 닿아서 길인 것이다

---

* 베드로시안은 「그런 길은 없다」에서 "아무도 걸어가본 적이 없는 그런 길은 없다"고 한 바 있다.

연필 깎기

   연필을 깎는다 고요 속에서 사각사각 아침시간이 깎여나간다 미미한 향나무 냄새 이 냄새로 시의 첫 줄을 쓰고자 했다 삼십 년을 연필로 시를 썼다 그러나 지나온 내 생에 향나무 냄새 나는 날 많지 않았다 아침에 한 다짐을 오후까지 지키지 못하는 날이 많았다 문을 나설 때 단정하게 가다듬은 지조의 옷도 돌아올 땐 매무새가 흐트러져 있었다

   연필을 깎는다 끝이 닳아 뭉툭해진 신념의 심을 천천히 아주 천천히 깎는다 지키지 못할 말들을 많이 했다 중언부언한 슬픔 실제보다 더 포장된 외로움 엄살이 많았다

   연필을 깎는다 정직하지 못하였다는 걸 안다 내가 내 삶을 신뢰하지 못하면서 내 마음을 믿어달라고 하였다 그래서 바람이 그치지 않았는지도 모른다 모순어법에서 벗어나지 못한 내 시각 얇게 깎여져나간 시선의 껍질들을 바라보며 연필을 깎는다

기도가 되지 않는 날은 연필을 깎는다 가지런한 몇 개의 연필 앞에서 아주 고요해진 한 순간을 만나고자 연필 깎는 소리만이 가득 찬 공간 안에서 제 뼈를 깎는 소리와 같이 있고자

두 시간

한 달에 한 번 폐휴지 수거하는 날이라서
오전에는 해묵은 문학지들과 신문을 묶어내느라
시간이 훌쩍 지나갔다
잃어버린 열쇠를 복사하러 갔다 오니
오후의 치과 진료 예약시간까지
어중된 몇 시간의 공백이 생긴다
새로운 일을 시작하기엔 좀 모자라고
컴퓨터 앞에서 죽여 없애기엔 아까운 시간이다
이러다 길에다 시간을 다 깔아버리고 마는 건
아닐까 생각하며 돌아와
아욱국 데워 밥 한술 말아먹고
그릇들 정갈히 씻어 잘 마르게 엎어놓고
빗자루로 방을 쓸었다
잘게 흩어져 있던 쓰레기와 죽은 벌레들을 치우고
정좌하고 앉아 명상과 기도로 한참을 보냈다
만트라와 함께 몸에서 빠져나간
낡고 어지러운 생각들의 자리 위로

부드럽고 맑은 바람이 들어와 앉는 게 느껴졌다
찬 샘에 들어갔다 나와 바람에 몸을 말릴 때처럼
서늘해진 기운들이 육신을 가볍게 다듬는 것 같았다
단 하루를 때 묻지 않게 사는 일도 쉽지 않은 날에는
다람쥐나 산꿩처럼
순결하지는 않지만 더럽혀지지도 않은
자연 그대로의 생일 수 없을까
그 생각을 하며 마당에 나가 닭 모이도 주고
새끼 낳을 준비를 하는 토끼들과 놀기도 하였다
들어와 물 끓여 일엽차를 마시며
새로 나온 시집을 읽었다
볼륨 낮춘 티베트 음악을 들었고
너무 짙어 검은빛이 나는 숲을 거느린 산이
가까이 다가오는 걸 바라보았다
좋은 시집을 읽고 난 날은
귀한 사람을 만난 것보다 더 뿌듯하다
하루에 두 시간 정도면 이렇게 충만할 수 있다니

무엇을 시작하기엔 어중간하고
버리기도 아까운 시간이
이렇게 마음을 풍요롭게 바꿀 수 있다니
신경치료를 하고 이빨을 뽑고
머리끝까지 찔러오는 통증 견딜 일 앞두고도
이렇게 잔잔해질 수 있다니
두 시간,
두 시간이면 이렇게 넉넉해질 수 있다니

무인도

마지막까지 남아 있던 한 사람이
떠나버리고 난 뒤
무인도가 되어버린 섬처럼
내 마음의 집에도
불 꺼진 지 여러 해 되었다
소리쳐 불러도
소리의 끝을 따라
파도 소리만 밀려왔다
너도 망망한 바다 끝 외딴 섬에서
한 마장쯤 더 떨어진
그런 섬처럼 있어본 적 있느냐

고요한 강

강은 다시 고요해져 흘러간다

 합수머리에 들어설 때나 살여울을 지날 때면 장터처럼 왁자지껄할 수밖에 없었다. 그러나 강은 저녁이 오기 전에 평정을 찾으려고 자꾸 가슴을 쓸어내렸다

 억센 바위가 기다리고 있는 곳으로도 가야 하고 비단뱀처럼 굽이치는 강허리를 돌아서다가 바위 절벽에 어깨가 얼얼하도록 부딪치고 나면 저도 모르게 비명이 새어나왔다 쏠물이 되어 피할 수 없는 한 시대의 절벽을 눈 질끈 감고 뛰어내려야 할 때도 있었다 그래도 소를 지나면서 다시 평온한 모습으로 돌아오곤 했다

 도시의 밤을 지날 때는 많이 흔들렸다 원색의 불빛과 휘황한 풍경 사이를 빠져나가며 강은 자신이 초라하게 느껴졌다 역류하여 도시의 하천으로 편입되는 쪽을 택하고 싶은 마음이 꼬리 쪽에서 몸을 간질이며 스며올라오기도 했다 몇몇 젊

은 물줄기들은 도시를 빠져나오는 동안 사라지고 없었다

  사랑스런 이의 목소리를 듣던 날은 그만 거기 멈추어버리고 싶었다 오래 그리워한 맑고 또랑또랑한 목소리 옆에 몸을 부리고 눕고 싶었다 물푸레나무가 푸른빛을 지니고 있는 동안 그늘 아래 걸음을 멈추고 푸르게 누워 있고 싶었다 강물도 사랑하는 이와 함께 있고 싶어한다는 걸 사람들은 알지 못했다

  그러나 강은 다시 고요해져 흘러간다
  아침 물안개에 얼굴을 씻고 아무렇지도 않은 듯 아무 일도 없었던 듯 고요하게 걸어간다 아래로 아래로

듀엣

내가 그대 눈빛을 바라보며
천천히 첫 소절을 부르기 시작하면
그대가 내 목소릴 포근히 감싸안으며
둘째 소절을 받아 부르고
내가 그대 입술을 바라보며
그대와 함께 있는 시간의 끝까지
그댈 사랑하겠노란 노랫말을 샘물처럼 흘려보내면
사랑이라는 말부터 그대 목소리가 화음을 이루며
따듯하게 젖어 내 노래 깊은 곳으로 들어오고
터질 듯 간절한 내 노래가 그대 가슴을 풀어헤치면
크고 넓은 노래의 날개를 저으며 날아와 날 끌어안고
그대는 그대의 탄탄한 음성으로 노래하고
나는 내 트인 목소리로 노래 불러도
빛깔 다른 그 소리 어울려 눈물 맺히도록 아름답고
노래하는 그대의 뒤로 펼쳐져 있던
저녁하늘로 노을이 붉게 달아오르는 걸 보며
절정을 향해 치솟아오르는 그런 노래를

그대와 함께 부를 수 있다면
노래의 끝에서 내 생이 멈추어도 좋겠다
간주가 진행되는 동안 가만히 손을 잡고
그대가 내쉬는 숨을 따라 나도
호흡의 속도를 가다듬고
사랑으로 가득한 내 입가의 기쁨이
물안개처럼 번져나가 그대 얼굴에
웃음으로 머물게 되는 짧은 시간이 지난 뒤
또 한 번의 절정을 향해
함께 계곡을 거슬러오르고 여울목을 휘돌아나오듯
음률의 물살을 타고 오르내리다
마침내 여운과 함께 고요하게 가라앉아
평온한 물가에 가 닿는 사랑의 노래
그런 노래를 그대와 함께 부를 수 있다면
노래의 끝에서 내 생이 멈추어도 좋겠다
그 노래와 내 가장 귀한 것을 바꾸어도 좋겠다

내 안의 시인

모든 사람의 가슴속에는 시인이 살고 있었다는데
그 시인 언제 나를 떠난 것일까
제비꽃만 보아도 걸음을 멈추고 쪼그려 앉아
어쩔 줄 몰라하며 손끝 살짝살짝 대보던
눈빛 여린 시인을 떠나보내고 나는 지금
습관처럼 어디를 바삐 가고 있는 걸까
맨발을 가만가만 적시는 여울물 소리
풀잎 위로 뛰어내리는 빗방울 소리에 끌려
토란잎을 머리에 쓰고 달려가던
맑은 귀를 가진 시인 잃어버리고
오늘 하루 나는 어떤 소리에 묻혀 사는가
바알갛게 물든 감잎 하나를 못 버리고
책갈피에 소중하게 끼워두던 고운 사람
의롭지 않은 이가 내미는 손은 잡지 않고
산과 들 서리에 덮여도 향기를 잃지 않는
산국처럼 살던 곧은 시인 몰라라 하고
나는 오늘 어떤 이들과 한길을 가고 있는가

내 안에 시인이 사라진다는 건 마지막까지
남아 있던 최후의 인간이 사라지는 거라는데
지팡이로 세상을 짚어가는 눈먼 이의
언 손 위에 가만히 제 장갑을 벗어놓고 와도
손이 따뜻하던 착한 시인 외면하고
나는 어떤 이를 내 가슴속에 데려다놓은 것일까

* 1행, 18~19행은 S. 프로이트의 말을 인용한 것임.

숲의 식구

구름은 비를 뿌리며 빠르게 동쪽으로 몰려가고
숲의 나무들은 비에 젖은 머리를 흔들어 털고 있다
처음 이 산에 들어올 땐
나 혼자 있다는 생각을 했다
그러나 내가 흔들릴 때
같이 흔들리며 안타까워하는 나무들을 보며
혼자 있다는 말 하지 않기로 했다
아침저녁으로 맑은 숨결을 길어올려 끼얹어주고
조릿대 참대소리로 마음을 정결하게
빗질해주는 이는 누구일까
숲과 나무가 내 폐의 바깥인 걸 알았다
더러운 내 몸과 탄식을 고스란히 받아주는 걸 보며
숲도 날 제 식구처럼 여기는 걸 알았다
나리꽃 보리수 오리나무와 같이 있는 거지
혼자 있는 게 아니다
내가 숲의 뱃속에 있고
숲이 내 정신의 일부가 되어 들어오고

그렇게 함께 숨쉬며 살아 있는 것이다

공복

위층에서 피아노 소리가 천천히 내려온다
한두 마디씩 내려와
내 몸 위에서 통통통 걸어다니다
몸속으로 쏘옥 들어온다
들어와 빈 몸속에서도 맑은 소리를 내는 걸 보니
내 안에서 나를 가로막고 있던 것들이
많이 빠져나갔나보다
목련잎 위에 내리는 빗소리들도 자분자분
피아노 소리의 뒤를 따라 들어오고
건넛숲 뻐꾸기 소리도 들어와
한가롭게 떠다니다 가라앉는
가득한 이 공복
비가 내리다 그치다 하는
아무도 없는 평일 한낮의

밀물

모순투성이의 날들이 내게 오지 않았다면
내 삶은 심심하였으리
그물에서 빠져나오려고 몸부림치지 않았다면
내 젊은 날은 개울 옆을 지날 때처럼
밋밋하였으리 무료하였으리
갯바닥 다 드러나도록 모조리 빼앗기고 나면
안간힘 다해 당기고 끌어와
다시 출렁이게 하는 날들이 없었다면
내 영혼은 늪처럼 서서히 부패해갔으리
고마운 모순의 날들이여
싸움과 번뇌의 시간이여

우기 마지막 날

우기가 끝나가고 있다
낮에는 무너진 길을 다시 쌓고
진흙 구덩이에 들어가 끊어진 배수관을 이었다
구름은 길게 띠를 이룬 채
우기의 마지막 날을 덮고 있다
구름 너머로 늦게 얼굴을 내민
저녁해를 향해 서서
달리아가 젖은 몸을 말리고 있다
구름의 가장자리 곡선을 황금빛으로 칠하면서
햇살의 부채들을 한꺼번에 수십 개씩 펼치며
저녁해는 구름을 헤쳐나오고 있다
새들도 습기의 날개를 반짝반짝 털며
우기가 가고 있는 걸 지상에 알리느라 분주하다
그러나 건기 또한 만만치 않으리라
호락호락한 날들은 이미 사라진 지 오래다
활을 다듬는 저 햇살들이 오늘은 반갑지만
남은 불볕의 날들이 내내 기쁨으로 오진 않으리라

단 하루도 간단하게 오는 날 없으리라

낙조

하구언 탁류를 덮는 서해안 낙조 보러 왔다
바다 끝에는 하루가 다 가기 전에
오늘 하루의 마지막을 덮는
찬란한 소멸이라도 있다

질문하지 않는 상식의 날들이여
감동도 비린내도 악마주의도 없는
나의 하루여
고뇌하지 않는 이 시대의 시여

하루 한 번만이라도
산산조각나는 걸 보러 왔다

산산조각나 수평선 위에 던져져
바다의 살갗을 찌르며
내 살 네 살 찌르며 피 흘려
처절한 모습을

4부

매미

누구에게나 자기 생의 치열하던 날이 있다
제 몸을 던져 뜨겁게 외치던 소리
소리의 몸짓이
저를 둘러싼 세계를
서늘하게 하던 날이 있다

강렬한 목소리로 살아 있기 위해
굼벵이처럼 견디며 보낸 캄캄한 세월 있고
그 소리 끝나기도 전에 문득 가을은 다가와
형상의 껍질을 벗어 지상에 내려놓고
또다시 시작해야 할 가없는 기다림
기다림의 긴 여정을 받아들여야 하는 순간이 있다

다시 가을

구름이 지상에서 일어나는 일에
덜 관심을 보이며
높은 하늘로 조금씩 물러나면서
가을은 온다
차고 맑아진 첫 새벽을
미리 보내놓고 가을은 온다

코스모스 여린 얼굴 사이에 숨어 있다가
갸웃이 고개를 들면서
가을은 온다
오래 못 만난 이들이 문득 그리워지면서
스님들 독경 소리가 한결 청아해지면서
가을은 온다

흔들리는 억새풀의 몸짓을 따라
꼭 그만큼씩 흔들리면서
……

너도 잘 견디고 있는 거지
혼자 그렇게 물으며

가을은 온다

저녁노을

당신도 저물고 있습니까

산마루에 허리를 기대고 앉아 저녁해가 천천히 숨을 고르고 있는 동안 뿜어져나오는 해의 입김이 선홍빛 노을로 번져가는 광활한 하늘을 봅니다

당신도 물들고 있습니까

저를 물들이고 고생대의 단층 같은 구름의 물결을 물들이고 가을산을 물들이고 느티나무 잎을 물들이는 게 저무는 해의 손길이라는 걸 알겠습니다

구름의 얼굴을 분홍빛으로 물들이는 노을처럼 나는 내 시가 당신의 얼굴 한쪽을 물들이기를 바랐습니다

나는 내 노래가 마지막으로 한 번만 더 당신을 물들이고 사라지는 저녁노을이기를, 내 눈빛이 한 번만 더 당신의 마음

을 흔드는 저녁 종소리이길 소망했습니다

  시가 끝나면 곧 어둠이 밀려오고 그러면 그 시는 내 최후의 시가 될 것이라 생각했습니다 그리하여 내 시집은 그때마다 당신을 향한 최후의 시집이 될지 모른다는 예감에 떨었습니다

  최후를 생각하는 동안 해는 서산을 넘어가고 한 세기는 저물고 세상을 다 태울 것 같던 열정도 재가 되고 구름 그림자만 저무는 육신을 전송하고 있습니다

  당신도 저물고 있습니까

  스러져가는 몸이 빚어내는
  선연한 열망

  동살보다 더 찬란한 빛을 뿌리며 최후의 우리도 그렇게 저

물 수 있기를 바랍니다 저무는 시간이 마지막까지 빛나는 시간이기를, 당신과 나 우리 모두의 하늘 위에 마지막 순간까지 맨몸으로도 찬연하기를,

슬픔에게

슬픔이여 오늘은 가만히 있어라
머리칼을 풀어헤치고
땅을 치며 울던 대숲도
오늘은 묵언으로 있지 않느냐
탄식이여 네 깊은 속으로
한 발만 더 내려가
깃발을 내리고 있어라 오늘은
나는 네게 기약 없는
인내를 구하려는 게 아니다
더 깊고 캄캄한 곳에서 삭고 삭아
다른 빛깔 다른 맛이 된 슬픔을
기다리는 것이다

별

나는 무너진 절터 북쪽 숲 산지기 마을에서 태어났어요 그때는 폐허의 시절이었는데요 전쟁터에서 황망하게 살아 돌아온 아버지가 지붕 낮은 토담집 하나 얻어 거기 살았지요 아비 없는 형제들하고 아랫집 윗집 같이 살았지요

어느 여름날 가난하고 슬프게 살아야 할 운명을 갖고 태어나는 사내아이 하나를 마침 숲 위를 지나가던 처녀별이 바라보고 섬세하고 맑게 살 수 있는 기운을 불어넣어주었어요 저를 버리되 가던 길 버리지 않는 사람으로 자라라고 의로운 마음도 함께 넣어주었어요

나는 그 처녀별이 들고 가다 떨어뜨린 보리 이삭을 아주 어려서부터 보고 자랐어요 순한 짐승들이 은하수 옆 모래밭에 찍은 발자국을 보면서 소년이 되었고요

그러나 나중에 여신이 된 그 별은 아름답게 태어난 탓으로 생의 절반을 어둠과 눈물 속에서 지내야 했던지라 나도 그 별

이 흘린 눈물 자국이 하늘 가장자리 여기저기 박혀 반짝이는 걸 보면서 살았지요 슬픔은 누군가 곁에 있는 것만으로도 힘이 된다 하여 그 곁을 떠나지 않았어요

오늘밤에는 순하디순한 짐승들이 밤하늘 가득 몰려나와 노는데 짐승의 꼬리별과 날개 사이를 뚫고 미자르별이 끌고 가는 수레에 앉아 북쪽 하늘 지나 지평선 너머까지 갔다 왔어요 은하수 따라 흐르는 별의 눈물 위에 앉아 새벽까지 흘러갔다 왔어요

내가 죽은 뒤 처녀별 근처에 새로 희미하게 보이는 눈물 흔적 있으면 땅 위에서 슬프게 살다 간 제 영혼이라 생각해주세요

늙은 자화상
— 렘브란트 〈성 바울 풍의 자화상〉을 보고

젊은 날 자신 있고 밝은 자화상을 많이 남겼는데
무엇 때문에 다시 늙은 얼굴을 그리려 했을까
맑은 빛이 사라진 눈을 왜 정성 들여 그렸을까

뜨겁지도 차갑지도 않은 이마를 덮고 있는
억세지도 곱지도 않은 머릿결
지나온 날처럼 굴곡이 심한 얼굴 곳곳의 그늘과
그를 오랫동안 따라다닌 불행이 화폭 밖으로
흘러내리는 자화상을 왜 그리고 있었을까

사월 들풀처럼 푸르게 타오르지도 않고
한겨울 나무처럼 처절하게 견디고 있는 것도 아닌
늦가을 오후의 지친 나뭇잎 같은 모습을
꾸미거나 애써 감추려 하지 않고
왜 꼼꼼하게 그려넣었을까

있는 모습 그대로의 제 얼굴을 정직하게

그려서 남기려 한 이유는 무엇이었을까
부끄러운 모습을 감추려 하지 않은 까닭은

갈필

안간힘을 다해 남아 있는 것들을 끌고 가
끝에 이른 뒤 쓰러져 누운 획들
먹물은 고갈되고 목은 마르던
메마른 모습을 있는 그대로 드러내면서
더 아름다워진 갈필
부족했지만
모자랐지만
그 모습 그대로 완성에 이른
글씨를 본다
세모 한 올 한 올까지 다 달려나가
몸을 던져 이룬 애절한 투신
너도 네 인생의 몇 글자를
저렇게 몸 던져 완성하면서
획을 그으면서
여기까지 왔는가

은파

해가 지면서 저녁하늘은 재푸른 빛에서 검푸른 빛으로 색깔을 바꾸고 있습니다. 지는 동안 시시각각 변하는 하늘의 빛깔을 표현할 말이 아직도 우리에겐 너무 부족하다는 말에 고개를 끄덕이면서 수평선 까치놀을 바라봅니다

우리도 저물고 있습니다 저물면서 빛나는 저녁바다를 우리가 오래 바라보는 이유가 어디에 있는지를 나는 압니다 해도 달도 될 수 있을 것 같던 날들은 그 시절로 충분히 아름다웠습니다 해도 달도 될 수 없지만 횃불이나 등불 또는 밤배에 매달린 어화 중의 하나가 되어 있던 날들도 충분히 아름다웠습니다

그러니 정형, 내 안의 모든 불을 꺼버리겠다는 말은 하지 않도록 합시다 저녁에서 밤으로 바뀌는 바다를 바라보며 가만히 어둠의 품에 몸을 맡깁시다 어둠 속에서 다시 달이 뜨고 그 달이 달빛을 바다에 천천히 뿌리는 모습이 보이지 않습니까 미움을 지닌 채 불을 꺼버리겠다고 하는 건 불을 끄는 게 아닙니다 정말로 불을 끄겠다면 미움 먼저 꺼야 합니다 그러나 정형이 가슴에 품고 다니는 많은 칼 중에 가장 잘 드는 칼

을 들어 세상에 대한 미움도 사랑도 다 끊어버리지 못한다면 조금만 더 달빛을 바라봅시다

 달빛도 등불도 될 수 없는 날엔 달빛을 받아 은빛으로 반짝이는 은물결의 하나라도 됩시다 방파제의 등불을 받아 안고 출렁이는 금물결이라도 되어 이 조그만 항구에서 철썩이다 갑시다 이것은 이것대로 얼마나 아름답습니까 은결도 금결도 될 수 없는 날엔 조그만 물결 소리라도 되어 함께 이 어둠 속에 있읍시다 듣는 이는 듣고 보는 이는 보고 그도 저도 없는 날엔 우리끼리 손을 잡고 조용히 저물면서 이 바닷가에 있읍시다

 다만 불을 꺼버리겠다는 말은 하지 맙시다 이 세상 모든 파도와 물결이 그랬듯이 조용히 견디며 있읍시다 이 어둠의 끝에서 다시 먼동이 트면서 동살이 비친다면 그것도 고마운 일이지만 끝내 이 어둠과 함께 사위고 만다 해도 실망하지 맙시다 우리에게 어제만 있고 내일은 없을지 모른다는 걱정은 하지 맙시다 어제와 오늘까지 내 온몸을 불태워 살았으면 그것만으로도 잘 산 것입니다 내일은 내일 오는 이에게 맡기고

지금은 어두워서 더욱 빛나는 은파와 함께 있읍시다 상처받은 몸도 다친 마음도 물결로 씻으며 은결 위에 몸을 얹어놓고 하현달이 수평선을 다 넘어갈 때까지 함께 이 바닷가에

깊은 가을

　가장 아름다운 빛깔로 멈추어 있는 가을을 한 잎 두 잎 뽑아내며 저도 고요히 떨고 있는 바람의 손길을 보았어요

　생명이 있는 것들은 꼭 한 번 이렇게 아름답게 불타는 날이 있다는 걸 알려주며 천천히 고로쇠나무 사이를 지나가는 만추의 불꽃을 보았어요

　억새의 머릿결에 볼을 비비다 강물로 내려와 몸을 담그고는 무엇이 그리 좋은지 깔깔댈 때마다 튀어오르는 햇살의 비늘을 만져보았어요

　알곡을 다 내주고 편안히 서로 몸을 베고 누운 볏짚과 그루터기가 두런두런 이야기를 나누는 향기로운 목소리를 들었어요

　가장 많은 것들과 헤어지면서 헤어질 때의 모습을 보이지 않으려고 살며시 돌아눕는 산의 쿨럭이는 구릿빛 등을 보았

어요

  어쩌면 이런 가을날 다시 오지 않으리란 예감에 까치발을 띠며 종종대는 저녁노을의 복숭앗빛 볼을 보았어요

  깊은 가을,

  마애불의 흔적을 좇아 휘어져 내려가다 바위 속으로 스미는 가을햇살을 따라가며 그대는 어느 산기슭 어느 벼랑에서 또 혼자 깊어가고 있는지요

구두 수선집

길모퉁이 구두 수선집 의자에
그녀는 씀바귀꽃처럼 앉아 있었다
뽀얀 얼굴에 가을볕이 내려와 앉아 있었는데
그중 한 줄기는 볼우물 그늘 속에 들어가
몸을 숨겼다
그녀가 오래 걷거나 서서 버티는 동안
그녀의 무게를 떠받치느라 발밑에서 조금씩
뭉개어진 흔적들을 바라보며 그녀는
겸연쩍은 듯 배시시 웃고 있었다
프랑스 휘장을 높이 단 대형 쇼핑몰 옥상 주차장에서
물건을 가득 사 실은 차량들이 줄지어 내려와
구두 수선집을 흘낏흘낏 쳐다보며
집으로 돌아가고 있었다
사람도 물건도 고장나기가 무섭게 버려지고
새것은 늘 대량으로 늘어서서 기다리고 있는 세상에
망가지면 다시 고쳐 신을 줄 아는 스물몇 살의 그녀
언제고 고장날 수 있는 그의 생애를

고쳐서 다시 쓸 줄 알 것 같은 그녀가
바람에 몸을 흔들면 산박하 냄새가 날아오곤 하였다

어두워질 무렵

홑이불을 살며시 끌어다 얼굴을 덮듯
산이 어둠을 조금씩 끌어 덮는 동안
먼 들판이 가까운 들을 가만가만 받아들이고
시월이 십일월로 이어지듯
모든 사물들이 하나씩 어둠의 서늘하고
적요한 영역 속으로 들어갈 때
나도 내 영토를 다 처분하여 그 나라에 들고 싶을 때
밀입국을 하듯 소리 없이 어둠의 장막을 열고
그 안으로 몸을 밀어넣으면
가만히 나를 이끄는 빈 손 하나 있어
내 작고 낮은 몸이 그의 품에 스미고
그의 여백 또한 내 몸에 편안히 흘러들어
타자의 시야에서 비로소 천천히 천천히 지워지는 때

억새

저녁호수의 물빛이 억새풀빛인 걸 보니
가을도 깊었습니다
가을이 깊어지면 어머니,
억새풀밖에 마음 둘 데가 없습니다
억새들도 이젠 그런 내 맘을 아는지
잔잔한 가을햇살을 따서
하나씩 들판에 뿌리며 내 뒤를 따라오거나
고갯마루에 먼저 와 여린 손을 흔듭니다
저도 가벼운 몸 하나로 서서 함께 흔들리는
이런 저녁이면 어머니 당신 생각이 간절합니다
억새풀처럼 평생을 잔잔한 몸짓으로 사신
어머니, 올 가을 이 고개를 넘으면 이제 저는
많은 것을 내려놓고 저무는 길을 향해
걸어 내려가려 합니다
세상의 불빛과는 조금
거리를 둔 곳으로 가고자 합니다
가진 것이 많지 않고 힘이 넘치는

자리에 앉아본 적이 없는지라
어머니를 크게 기쁘게 해드리지 못하였지만
제가 가슴 아파하는 것은
어머니의 평범한 소망을
채워드리지 못한 점입니다
험한 일 겪지 않고 마음 편하고 화목하게만
살아달라는 소망
아프지 말고 아이들 잘 키우고 남에게 애먼 소리
듣지 말고 살면 된다는 소박한 바람
그중 어느 하나도 들어드리지 못하였습니다
험한 길을 택해 걸었기 때문에
내가 밟은 벼룻길 자갈돌이
어머니 가슴으로 떨어지는 소리만
수없이 들어야 했습니다
내가 드린 것은 어머니를 벌판 끝에 세워놓고
억새같이 떨게 만든 세월뿐이었습니다
어머니는 점점 사위어가는데

다시 가을이 깊어지고
바람은 하루가 다르게 차가워져
우리가 넘어야 할 산 너머엔 벌써
겨울 그림자 서성댑니다
오늘은 서쪽 하늘도
억새풀밭을 이루어 하늘은
억새구름으로 가득합니다
하늘로 옮겨간 억새밭 사잇길로 어머니가
천천히 천천히 걸어가는 게 보입니다
고갯마루에 앉아 오래도록
그 모습을 바라보고 있는 동안
하늘에서도 억새풀이 바람에 날려 흩어집니다
반짝이며, 저무는 가을햇살을 묻힌 채
잠깐씩 반짝이며
억새풀, 억새풀잎들이,

5부

시래기

저것은 맨 처음 어둔 땅을 뚫고 나온 잎들이다
아직 씨앗인 몸을 푸른 싹으로 바꾼 것도 저들이고
가장 바깥에 서서 흙먼지 폭우를 견디며
몸을 열 배 스무 배로 키운 것도 저들이다
더 깨끗하고 고운 잎을 만들고 지키기 위해
가장 오래 세찬 바람 맞으며 하루하루 낡아간 것도
저들이고 마침내 사람들이 고갱이만을 택하고 난 뒤
제일 먼저 버림받은 것도 저들이다
그나마 오래오래 푸르른 날들을 지켜온 저들을
기억하는 손에 의해 거두어져 겨울을 나다가
사람들의 까다로운 입맛도 바닥나고 취향도 곤궁해졌을 때
잠시 옛날을 기억하게 할 짧은 허기를 메우기 위해
서리에 젖고 눈 맞아가며 견디고 있는 마지막 저 헌신

생애보다 긴 기다림

밤사이에 산짐승 다녀간 발자국밖에 없는데
누가 오기라도 할 것처럼
문 앞에서 산길 있는 데까지
길을 내며 눈을 쓸었다
이제 다시는 당산나무를 넘어오는 발소리를
기다리지 말자 해놓고도 못다 버린 게 있는 걸까
순간 순간 한 방울씩 녹아내린 내 마음도 흘러 고이면
저 고드름 같을지 모른다고 생각하는 동안
종유석 같은 고드름이 댓돌 위에 떨어져 부서진다
기다리는 것 오지 않을 줄 늦가을 무렵부터 알았다
기다림이란 머리 위에 뜨는 별 같은 것인지 모른다
내가 내게 보내는 화살기도 같은 것인지도 모른다
세상의 모든 길이 눈에 덮여 지워지고
오직 내 발자국만이 길의 흔적인 눈 속에서
이제 발소리를 향해 열려 있던 귀를 닫는다
누군가를 기다리던 날들은 그것만으로도 행복했다
내가 이 세상에서 천천히 지워진 다음날 새벽

아니 그 새벽도 잊어진 먼 뒷날
창호지를 두드리는 새벽바람 소리처럼 온다 해도
내 기다림이 완성되는 날이 그날쯤이라 해도
나는 섭섭하지 않을 것이다
내가 접은 것은 어쩌면 애타는 마음이나
조바심인지 모르겠으나
생애보다 더 긴 기다림도 있는 것이다
기다림을 생애보다 더 길게 이 세상에
남겨놓고 가야 하는 생도 있는 것이다

공어

골짜기 물도 골짜기에서 흘러 고인 물도 다 얼었다
바닥에 구멍을 뚫고 얼음낚시를 내리고 있는 사람들이
며칠 전 저수지를 떠난 물오리들보다 많다
속이 다 보일 정도로 몸을 비웠다는 공어들이
낚시에 걸려나와 얼음 녹인 물 위에 엎드려
회오의 차가운 지느러미로 물 바닥을 탁탁 치고 있다
색을 벗었다고 낚싯바늘을 안 잡는 건 아니다
눈이 내렸다 녹고 다시 한 뼘 넘게 쌓였는데
물 깊은 곳에서 안거중이라 해서
낚싯바늘이 눈앞을 오르락내리락하지 않는 건 아니다
공어, 우리도 비웠다는 말 많이 하며 산다
투명하게 비운 저 물고기처럼 살고 있다는

피반령

돌아보니 산은 무릎까지 눈발에 잠겨 있다
담채처럼 지워져 희미한 능선
내려와서 보니 지난 몇십 년
저런 산들을 어찌 넘었나 싶다
회인 지나면 수리티재 또 한 고개
그러나 아무리 가파른 산도
길을 지니지 않은 산은 없다는 걸
이제는 안다
멀리 서서 보면 길보다
두려움이 먼저 안개처럼 앞을 가리지만
아무리 험한 산도
길을 품지 않은 산은 없다는 걸
이제는 안다
길은 언제나 바로 그 깊은 곳에
감추어져 있다는 걸

폐타이어

국제타이어 지역 총판 담 옆에
폐타이어를 내다 쌓고는 손을 툭툭 털며
곤색 점퍼를 입은 두 사람이 안으로 들어갔다
둥근 입을 출렁거리며 투덜대는 타이어의
버려진 몸 위로 눈발이 풀풀 날려 쌓이고 있었다
속도가 능력인 시대를 힘껏 달려
타이어들은 여기에 이르렀다
속도가 가자는 대로 달려왔고 하루도
아슬아슬하게 속도를 넘어서지 않은 날이 없었다
속도가 바로 현금으로 바뀌어 돌아올 때마다
몸은 뜨겁게 달아올라 식식거리곤 했다
아직도 더 달릴 수 있다고 믿는
타이어의 체온 위로
하루가 멀다 하고 타이어들은 쌓이고
오늘처럼 눈발이 몰아치면 빠르게
사람들의 기억으로부터 지워졌다
사람들의 시선은

버린 타이어의 숨소리가 아니라
흐려지는 길 쪽으로만 향해 있었다

청년

사랑이 그때 우리를 불태우지 않았다면
예기치 않은 산불이 우리를 태우고 갔으리

착한 열정으로 우리가 넘치지 않았다면
이름도 모르는 파도가 우리를 휩쓸고 갔으리

가난했지만 민망할 정도로 가난하여
겨울바람도 우리의 냉기를 비켜갔지만

때 묻지 않은 마음 우릴 가득 채우지 않았다면
어지러운 바람 이 골짜기 끝없이 몰아쳤으리

십일월의 나무

십일월도 하순 해 지고 날 점점 어두워질 때
비탈에 선 나무들은 스산하다
그러나 잃을 것 다 잃고
버릴 것 다 버린 나무들이
맨몸으로 허공에 그리는 풍경이
가장 아름다운 건 이 무렵이다
거기다 철 이른 눈이라도 내려
허리 휘어진 나무들의 모습은 숙연하다
이제 거둘 건 겨자씨만큼도 없고
오직 견딜 일만 남았는데
사방팔방 수묵화 아닌 곳 없는 건 이때다
알몸으로 맞서는 처절한 날들의 시작이
서늘하고 탁 트인 그림이 되는 건

가구

아내와 나는 가구처럼 자기 자리에
놓여 있다 장롱이 그러듯이
오래 묵은 습관들을 담은 채
각자 어두워질 때까지 앉아 일을 하곤 한다
어쩌다 내가 아내의 문을 열고 들어가면
아내의 몸에서는 삐이걱 하는 소리가 난다
나는 아내의 몸속에서 무언가를 찾다가
무엇을 찾으러 왔는지 잊어버리고
돌아나온다 그러면 아내는 다시
아래위가 꼭 맞는 서랍이 되어 닫힌다
아내가 내 몸의 여닫이문을
먼저 열어보는 일은 없다
나는 늘 머쓱해진 채 아내를 건너다보다
돌아앉는 일에 익숙해져 있다
본래 가구들끼리는 말을 많이 하지 않는다
그저 아내는 아내의 방에 놓여 있고
나는 내 자리에서 내 그림자와 함께

육중하게 어두워지고 있을 뿐이다

전 재산
—김군자 할머니 말씀

외로운 거 그게 제일 힘들지 뭐
어려서 부모 잃고 열일곱 살 때 일본 군대 끌려가
악몽 같은 삼 년을 위안소에서 보냈지
행인지 불행인지 사랑한다는 사내 하나 있더니
저 먼저 목을 매고 딸은 다섯 해를 살다가 죽고
술집 식모살이 막일 단추 끼우기
그렇게 살았어

바람이 조금만 세게 불어도
뼈 마디마디가 저려오고
사는 게 너무 힘들어
왜 이렇게 살이 시리고 힘이 드는지
나만 힘든 건지
남들도 마음보다 몸이 먼저 아픈지

돈을 왜 다 내어놓느냐고?
나도 그애들처럼 고아였잖아

정선에서 장사할 때 모은 돈하고
지원금……
안 쓰고 모은 건데
너무 적은 돈이라 미안해
전 재산이랄 게 있나
요란 떨 거 없어

지금도 아프지 별 차도가 없어
시간도 얼마 안 남은 것 같고

……혼자 살았으니까
외로운 거 그게 제일 힘들었지 뭐

참나무 장작

참나무 장작은 소리 없이 탄다
속삭이듯 가끔씩 던지는 다비의 숨소리와
살아서 나무 속을 돌아나오는 푸른 불꽃이
오래오래 저를 태우고
다른 것의 밑불이 된다
불똥을 밖으로 휙휙 내던지거나
요란한 소리를 내며 타는 낙엽송과는 다르다
소나무나 아까시나무 장작처럼
제 몸보다 긴 검붉은 불꽃을 휘감아올리며
순식간에 작열하게 타지도 않는다
그러나 잉걸불이 되어 한밤중까지 환한 것은
참나무다 희고 따순 재를 살짝 걷어내면
새벽까지 안으로 타는
뜨거움을 간직하고 있는 것도 참나무다
소리 없이 제일 늦게까지
제 몸을 태우며 남아 있는 것은

겨울산방

말티재 너머에서
산골아이들을 가르치는 제자 재윤이가
겨우내 내가
나무 하고 장작 패는 게 보기 싫었는지
목재소에서 소나무 자투리를 실어왔고
미령이가 농사지은 거라며
현미 한 자루를 갖다놓았다
걱정스런 얼굴로 다음에 올 땐
콩나물콩을 가져오겠다고 한다
고라니 너구리 어치 다람쥐에 비하면
이 산속에서 내가 제일 따뜻하게 자는데
하루 한 끼 일종식으로 살아가는
산짐승들에 비하면
두 끼는 거르지 않고 사는 내가
여기선 제일 배부르게 지내고 있어서 미안한데

눈꽃

잔가지 솜털 하나까지 파르르 떨며
눈꽃을 피워들고 서 있는 달밤의 숲은
그대로가 은빛 빛나는 암유의 궁전입니다
보름 지나면서 달의 몸 한쪽이
녹아 없어진 이유를 알겠습니다
몸을 납처럼 녹여 이 숲에 부어버린 것입니다
달빛에 찍어낸 듯 나무들이 반짝이며 서 있습니다
나무들은 저마다 한 개씩의 공안입니다
다보여래가 증명하는 화려한 은유의 몸짓입니다
체온이 가장 낮은 곳까지 내려갔을 때
거기서 가장 아름다운 광채가 뿜어져나오고
깊고 외롭고 처절한 시간 속에서
고요하게 빛나는 적멸의 언어를 만나는 것입니다
생의 가장 헐벗은 시간을 견디는 자에게 내린
혹독한 시련을 찬란한 의상으로
바꾸어 입을 줄 아는 게 나무 말고 또 있으니
돌아가 찾아보라고 말합니다

돌아가는 동안 부디 침묵하고
돌아가 알게 되어도 겨울나무들의
소리 없는 배경으로 있어달라고

재

편지 한두 통을 쓰고 나면 한나절이 가고
피리 소리를 듣는 동안 노을이 환하게 물들어오고
하루가 피리 소리처럼 가늘고 간결하게 저물었다
장작불을 뒤적이는 동안 밤도 겨울과 함께 깊어가고
잘못 쓴 글들을 태우며 한순간에 재가 되는
헛된 생각의 연기를 한참씩 바라보는 날이 있었다

별들의 휴가

 며칠째 눈이 내리다 그친 보름날 밤 구름 사이로 보이는 달과 별 몇 개만 빈 하늘을 지키고 그 많던 별들이 어디로 갔는지 보이지 않기에 문 열고 나왔더니 별들이 마당에 감자밭에 산기슭에 수없이 내려와 반짝이고 있습니다 며칠 동안 내린 눈을 따라 여기까지 내려왔나봅니다

 작은곰자리는 깨밭 위에 있고 오리온자리는 마당 잔디밭에 있고 전갈자리는 산딸나무 밑에 가 자리를 잡은 채 유리조각처럼 서로를 되비추어주며 즐거워하고 있습니다 미리내 별들 중의 일부는 언덕에서 골짜기를 덮은 눈을 따라 흘러내리고 있습니다 어떤 별들은 이미 옷을 벗어놓고 어디론가 돌아다니는지 별의 허물만 달빛에 반짝이는 것도 있습니다

 지상에서 별을 그리워하며 눈길을 보내곤 하던 것들을 찾아 산까치집에 내린 별도 있고 땅에 묻은 김장독에서 항아리가 된 흙의 냄새를 맡거나 냉이나 달래의 향기에 몸을 섞고 있는 별들도 있습니다 늦가을 무렵 어미를 잃고 겨우내 혼자

떨며 지내고 있는 아기다람쥐굴 입구에 내려가서 속삭이고 있는 별도 있고 지붕 위에 내렸다가 고드름을 타고 미끄러지며 신이 난 장난꾸러기 별들도 있습니다

　여러 날 쉬지 않고 눈이 내리는 날이면 별들도 휴가를 받아 지상으로 여행을 내려오는 걸 여기 와서 알았습니다 그 별들의 포근한 일박 눈이 눈으로 깨끗하게 남아 있는 동안 이 산골에서 며칠간의 휴가를 별들이 이렇게 좋아하는지 처음 알았습니다

　하늘에서처럼 제자리에 붙박여 있거나 정해진 길을 따라 걸어가는 게 아니라 별들도 지상에 와서는 제가 만나고 싶던 짐승의 발자국을 따라 산등성이를 넘기도 하고 새둥지에서 대나무 잎 위로 뛰어내리기도 하면서 돌아다니는 걸 보았습니다 돌아가기 싫은 별들은 처음부터 북쪽 기슭으로 내리는 눈을 따라와 여러 날씩 깨지 않고 깊은 잠에 빠져들기도 하고 아예 자리를 잡고 누워 밤이 오고 구름이 흘러가는 하늘과 제

가 있던 자리를 바라보며 여유를 즐기기도 하고 불이 켜지고 꺼지는 창문을 재미있다는 듯 지켜보기도 하고 낮이면 제가 지닌 온기를 생강나무나 산수유나무 뿌리에게 조금씩 나누어 주며 지상의 며칠을 보내기도 하는 거였습니다

 겨울이 깊어지면서 별의 숫자가 줄어들고 듬성듬성 자리를 비운 별들의 흔적이 드러나는 게 그런 까닭인 걸 알게 되었습니다

시인의 말

산방에서 보내는 편지

도종환

아침에 일어나 창문보를 걷었더니 내린 눈 위에 또 눈이 쌓여 순백의 설원입니다. 내가 걸어온 발자국도 지워지고 밤사이에 다녀간 짐승 발자국도 눈이 다시 덮어 고요 외엔 아무것도 없습니다. 휴정 큰스님은 「선가귀감」에서 "없는 것으로 없는 데 이르지 못하면 있는 것으로 없는 데 이르라" 하였는데 있는 것도 없는 것도 백설로 다 덮은 적멸입니다. 한 발짝이라도 내딛거나 물러서면 그게 다 유위(有爲)의 발자국을 찍는 일이라 꼼짝 못 하고 서서 눈이 되비쳐주는 희디흰 빛으로 안을 채우고 있으니 여기가 백척간두입니다.

되비쳐주는 희디흰 빛 속에도 별빛처럼 유난히 더 반짝이는 것들이 빛나고 있어 마당에 별이 내린 것 같습니다. 별들이 밤사이에 잠시 지상으로 내려왔다가 아직 돌아가지 못하고 누워 있는지도 모르겠습니다. 나는 그 별들의 나들이가 좀 더 길어지기를 바라며 눈 덮인 산천을 바라보고 있습니다.

김형, 김형 있는 곳도 올해 들어 가장 매서운 한파가 몰려와 머물고 있습니까? 거기도 바람이 하루 종일 유리창에 와 울다 갔습니까? 유리창도 창틀을 흔들며 같은 소리로 울고 있었습니까? "감동이 사라졌어요. 어떤 것을 불러와도 감동이 살아나지 않아요." 그 말을 자꾸 되풀이하던 김형의 표정이 떠오릅니다. 퍼붓는 눈발처럼 다 쏟아부었던 한 시대는 진창이 되어 질척거리고, 절규도 그만 눈 속에 묻혀 지워지고, 절절하게 울어야 할 것들은 오지 않아 바람이 대신 나뭇가지를 붙잡고 우는 거겠지요. 자기가 알던 사람들의 귀를 잡고 진종일 우는 거겠지요.

김형, 이 산속에서 혼자 지낸 지 세 해가 되었습니다. 그 세 해 동안 나는 정지해 있었습니다. 나도 내 생활도 정지해 있었고 괄호 속에 갇혀 있었습니다. 나는 세상으로부터 생략되어 있었습니다. 그렇게 지워지는 시간이 그러나 나는 좋았습니다. 내 몸이 정지신호를 먼저 보내지 않았다면 나는 이런 귀한 시간들을 만나지 못했을 겁니다. 마음의 균형이 깨어져 몸의 균형이 따라서 깨진 상태로 계속 무언가를 한다고 휩쓸려 다녔다면 더 많은 일을 그르치고 말았을 겁니다. 그리고 내 삶은 회복이 불가능한 상태가 되고 말았을 겁니다.

몸이 정지신호를 보내 육신을 쓰러뜨리는 것은 잘못 살았다는, 잘못 살고 있다는 경고입니다. 아니, 경고를 이미 여러 번 보냈는데도 무시한 것에 대한 벌입니다. 저는 그 벌의 의미를 곰곰이 생각하며 세 해를 보냈습니다. 벌받는 과정을 통해 무엇을 깨달아야 하는지를 생각하였습니다.

세 해 동안 나는 그저 간소하고 단순한 하루하루를 보냈습니다. 특별히 무엇을 하지 않았습니다. 나는 그저 나를 빈 밭처럼 내버려두었습니다. 전처럼 그 밭에 무엇을 심을 것인가 몇 모작을 할 것인가를 궁리하지 않았습니다. 함께 모여 그 밭에서 농사지은 것을 어떻게 지킬 것인가 토의하지 않았습니다. 좋은 사례를 만들어 남에게 자랑할 거리를 만들지도 않았습니다. 그냥 내버려두었습니다. 밭도 그렇게 그냥 있어야 할 때가 있는 것입니다. 지금은 내 생의 겨울이라고 생각했습니다.

처음엔 혼자 있다는 생각이 많이 들었습니다. 하루 종일 새소리 물소리 외에는 아무 소리도 들리지 않는 깊은 산골짜기, 사람 사는 동네하고도 멀리 떨어진 산속 외딴집은 적막하고 무서웠습니다. 밤에는 혼자서도 문을 꼭 걸어잠그고 잤습니다. 법주리. 동네 이름은 법주리인데 부처의 법은 어디 머물고 있는지 안 보이고 나무와 숲만 보였습니다. 적막하고 낯선 산중으로 유폐된 내 삶이 측은하기도 했습니다. 사방이 고요하여 나 혼자 소리치고 있을 수도 없었습니다. 나도 자연히 고요할 수밖에 없었습니다.

그렇게 고요함에 조금씩 익숙해져가자 혼자 있는 건 나만이 아닌 걸 알 수 있었습니다. 낙엽송도 혼자 서 있고 두충나무도 혼자 있었습니다. 나리꽃도 저 혼자 피어 있고 고라니도 산비탈을 혼자 건너다니고 있었습니다. 그러나 그것들도 다 함께 있는 것이었습니다. 낙엽송도 숲의 다른 나무들과 같이 섞여 있고, 냉이꽃도 꽃다지와 함께 있으며, 고라니도 멧비둘기와 같이 있었습니다. 숲과 별과 벌레와 계곡물과 너럭바위와 같이 있는 것이지 혼자 있는 게 아니었습니다. 그들과 함께 있는 것이며, 숲이 내 폐의 바깥이고 내가 숲의 뱃속에 들어와 있는 것이었습니다. 그리고 그들 중에 그래도 내가 형편이 가장 나았습니다. 비를 맞지 않고 잠자리에 들 수 있고, 겁내지 않고 물을 마실 수 있으며, 다른 짐승에게 잡혀먹힐 위험이 없는 것도 나였습니다.

부슬부슬 비 내리는 깊은 밤 무덤가에서 우는 호랑지빠귀 소리에 놀라 얼른 문을 닫고 들어올 때도 있었지만 그 새는 숲의 시작이고 끝인 그곳에서 울어야 몸을 피하기도 쉽고 소리를 전달하기가 쉬웠을 뿐입니다. 기교를 버려 단순해진 소리가 얼마나 깊은 소리인지를 호랑지빠귀는 가르쳐주었습니다. 틈틈이 시간을 내서 텃밭의 풀을 뽑고 나무를 하러 다녔습니다. 처음엔 약 때문에 육식을 하지 않았지만 점점 육식에서 멀어지고 하루 두 끼 채식 위주의 식사를 하게 되었으며, 신문도 안 들어오고 텔레비전도 라디오도 인터넷도 없는 황톳집에서 어미 잃은 산토끼와 함께 방에서 놀고 있으면 닭들도 따라서 들어오고 다람쥐는 툇마루에서 힐끔힐끔 안을 들여다보았습니다.

내 삶의 속도는 저속으로 늦추어지고 부드러운 속도로 바뀌다가 마침내 스콧 니어링이 말한 평온한 속도가 되었습니다. 고요함과 평화로움이 찾아와 나와 함께 지내기 시작하면서 하늘의 별들이 수없이 지붕 위에 와 모여들었습니다. 별들이 몰려와 노는 걸 보기 위해 유리창 밑에서 자다가 밤에 몇 번씩 깨기도 했습니다. 내가 아프지 않았다면 내 생에 어떻게 이런 아름다운 시간을 만날 수 있었겠습니까. 내게 오는 건 다 축복이란 생각이 들었습니다.

> 이른 봄에 내 곁에 와 피는
> 봄꽃만 축복이 아니다
> 내게 오는 건 다 축복이었다
> 고통도 아픔도 축복이었다
> 뼈저리게 외롭고 가난하던 어린 날도

내 발을 붙들고 떨어지지 않던
스무 살 무렵의 진흙덩이 같던 절망도
생각해보니 축복이었다
그 절망 아니었으면 내 뼈가 튼튼하지 않았으리라
세상이 내 멱살을 잡고 다리를 걸어
길바닥에 팽개치고 어둔 굴 속에 가둔 것도
생각해보니 영혼의 담금질이었다
한 시대가 다 참혹하였거늘
거인 같은, 바위 같은 편견과 어리석음과 탐욕의
방파제에 맞서다 목숨을 잃은 이가 헤아릴 수 없거늘
이렇게 작게라도 물결치며 살아 있는 게
복 아니고 무엇이랴
육신에 병이 조금 들었다고 어이 불행이라 말하랴
내게 오는 건 통증조차도 축복이다
죽음도 통곡도 축복으로 바꾸며 오지 않았는가
이 봄 어이 매화꽃만 축복이랴
내게 오는 건 시련도 비명도 다 축복이다

― 졸시 「축복」

 그렇게 내게 오는 모든 것은 축복이라고 생각하며 지내는 동안 아침마다 명상으로 하루를 시작하게 되었습니다. 처음엔 십 분 이십 분씩밖에 못 앉아 있었는데 매일 한 시간 이상씩 고요한 시간과 만나게 되었습니다. 프라나가 몸 안에서 파동을 일으키며 내 몸을 흔들었습니다. 따뜻하고 고마운 손길이 있어 내 아픈 곳을 손수 다스려주는 걸 느낄 수 있었습니다. 나와 내 삶을 끌고 가는 것이 나인 줄 알았는데 아니었습니다. 나는 내 마음의 주인도 내 몸의 주인도 아니었습니다. 내 마음과 몸의 주인은 따로 있었습니다. 그걸 알면서 처음엔 당황스러웠습니다. 두려웠습니다. 두려움 속에서도 매일 내 마음의 주인과 마주 앉았습니다. 그리고 그분께 조금씩 자리를 내드렸습니다. 〈가시나무〉라는 노래가 있지요. "내 속엔 내가 너무도 많아 당신의 쉴 곳 없네" 하고 노래하는. 그래요. 그 노랫말처럼 내 안에 내가 너무도 많아서 힘겨웠던 자리가 비워지면서, 내 잘난 척하던 자아가 물러난 자리에 다석 유영모 선생이 말씀하신 영아(靈我)가 자리를 잡아가는 걸 느꼈습니다.

시간이 흐르면서 나는 그분이 나의 수발을 들어주기 위해 있는 것이 아니라 내가 그분을 위해 있어야 한다는 걸 알게 되었습니다. 구약에 나오는 욥의 말처럼 "주셨던 분도 그분이요 도로 가져가시는 분도 그분"이시라면 나를 세우시고 쓰러뜨리시는 분 역시 그분이신 걸 알고는 그분께 다 맡기기로 하였습니다. 내가 무엇을 하는 것이 아니라 그분이 하시는 것임을 믿고 맡기기로 하였습니다.

 김형, 지난 두 달간은 시가 쓰이지 않았습니다. 그러나 나는 아무 걱정도 하지 않았습니다. 안달이 나거나 조바심이 나거나 하지도 않았습니다. 그분께서 알아서 하실 일이라고 생각하니 마음이 편했습니다. 그러면서 한 달 내내 한 편의 시를 가지고 퇴고하고 씨름을 하면서 보냈습니다.

> 하루 종일 아무 말도 안 했다
> 산도 똑같이 아무 말을 안 했다
> 말없이 산 옆에 있는 게 싫지 않았다
> 산도 내가 있는 걸 싫어하지 않았다
> 하늘은 하루 종일 티 없이 맑았다
> 가끔 구름이 떠오고 새 날아왔지만
> 잠시 머물다 곧 지나가버렸다
> 내게 온 꽃잎과 바람도 잠시 머물다 갔다
> 골짜기 물에 호미를 씻는 동안
> 손에 묻은 흙은 저절로 씻겨내려갔다
> 앞산 뒷산에 큰 도움은 못 되었지만
> 하늘 아래 허물없이 하루가 갔다
>
> ─ 졸시 「산경」

열번째 행 때문이었습니다. 골짜기 물에 씻겨내려간 게 흙만이 아니라 '허욕과 집착'이라고 쓸까 했다가, 우리가 가장 버리지 못하는 게 자아라는 생각에 '나 아닌 것들'이라고 했다가, 너무 설명적인 것 같아 그냥 '손에 묻은 흙'만 씻겨내려갔다고 했다가, 무언가 빠진 것 같아서 '흙과 허욕'이라고 했다가 하면서 시간을 보냈습니다. 그리고 아직도 마무리짓지 못했습니다. 시에서나 삶에서나 버려야 할 것이 왜 이렇게 많은지요. 산속에서 지내는 동안 시는 조금씩 제 영역을 찾으며 내 안에 망명정부를 세워나갔습니다. 그러고는 명상이 끝나가는 가장 고요한 시간의 끝을 찾아와 시를 한 편씩 찾아다 제 땅에다 깃발처럼 꽂아나가기 시작하였습니다. 마음의 끈을 더 풀어놓은 날은 동시를 만나곤 하였습니다.

그러나 나는 시가 망명정부 안에서 다시 고개를 들어 옛날로 돌아가고자 하는 것을 용납하지 않을 것입니다. 창고 안에 차곡차곡 쌓여 시집이 될 만하면 시와 함께 옛날의 나를 불러 세상에 나가고자 할 것 같아 그 시를 다른 방식으로 세상에 나가게 할 생각입니다. 세상에 나가는 것은 막지 않되 시로 인해 생긴 이윤이 내 집에 들어오지 못하게 할 것입니다. 아니 직장도 없는데 그나마 시집 인세도 챙기지 않으면 어떻게 생활하려 하느냐고, 그거 만용 아니냐고 할지도 모르겠습니다. 그러나 이번 시집은 분명히 이윤을 세상에 돌려준 다음에 빈 몸이 되었을 때만 내게 돌아오게 할 것입니다. 내가 다시 시를 만날 수 있게 된 것은 내 힘이 아님을 알기 때문에 그 시로 인해 생긴 이익은 세상 사람들을 위해 나누어주어야 맞습니다. 몸과 마음의 균형을 찾고 시를 만날 수 있게 해준 것만으로도 나는 큰 은혜를 입었다고 생각합니다. 그 은혜를 어떻게든 갚는 게 도리입니다. 지금 거덜난 내가 가진 가장 소중한 재산은 시입니다. 그래서 그걸 드리는 것입니다. 남을 위해 무엇을 내놓을 때 자기가 가진 가장 소중한 것은 뒤로 빼돌리고 여분으로 남아도는 것만 건네주는 것은 진정으로 가진 것을 나누는 자세가 아니지 않습니까. 내 시가 그런 일을 할 수 있도록 망명정부의 수뇌들을 설득할 것입니다.

낮에는 눈이 소리 없이 녹기 시작하고 추녀 밑에 고드름이 점점 크기를 키워가는 걸 보면서 지게를 지고 나무를 하러 갔습니다. 두 시간을 씨름하여 지게 하나에 질 만큼의 나무를 하고 나머지는 산에 그냥 베어둔 채 내려왔습니다. 눈이 더 녹으면 가져와야겠습니다. 취와 더덕을 심어놓았던 비탈밭을 끼고 푸르른 등으로 바람을 튀기고 있는 대나무숲을 지나 집으로 내려왔습니다. 산비탈에서 바라보는 눈 쌓인 산골짝 외딴집의 모습, '설중고택雪中孤宅'은 '벽로야정壁爐夜情'과 함께 내가 지어붙인 산방팔경 중의 하나입니다.

제 생에 언제 이렇게 호강하는 시절을 보내겠습니까. 밤이 되면 벽난로에 장작불을 지피고 나무가 타는 불꽃을 몇 시간씩 바라보며 겨울밤을 보냅니다. 소로는 『월든』에서 불꽃을 친구라고 했습니다. 아니 생기 넘치는 주부가 집에 있는 것 같다고 했습니다. 스콧 니어링이 말한 것처럼 벽난로의 장작 불꽃은 "대기에 활기를 주고, 둘레에 생기가 넘치게 하고, 사람에게는 반가운 온기를 주며, 나무에서는 강렬한 향기가 납니다." 산속에서 살아본 사람은 그 말에 고개를 끄덕입니다. 그래서 장작불과 함께 보내는 겨울밤은 혼자 있어도 고독하지 않습니다.

그러나 김형, 이렇게 살면서 개운하지 않은 구석이 한 군데 있습니다. 그것은 이런 삶이 나 하나만을 위해서 살고 있는 삶이란 점입니다. 간결하고 소박하고 단순하게 사는 삶을 살고 있지만 나 하나만의 온기를 위해 나무를 하고 나 하나만의 허기를 메우기 위해 밭을 일구고 있다는 것입니다. 의무를 저버리고 있는 것은 아닌가 하는 마음을 피할 수 없다는 것입니다. 시대의 의무, 내가 짊져야 할 것들을 짊지지 않고 물러나 있는 것 같은 죄스러움을 벗지 못하고 있다는 것입니다. 그러나 시간 속에서 보다 더 가치 있는 의무를 만나게 되리라 생각합니다. 그것이 작고 하찮은 것이든 보잘것없는 것이든 나와 나를 둘러싼 것들을 향한 더 의미 있는 의무를 만나게 되는 날이 자연스럽게 오리라 생각합니다.

그리고 신비주의나 정신주의 또는 종교적으로 도피하는 삶으로 가게 되는 것은 아닌가 하는 우려입니다. 일단 나는 지금의 나를 그분께 맡깁니다. 그분이 나를 그분의 어떤 도구로 쓰시든지 그것을 따르고자 합니다. 그러나 그것이 세상을 떠나 도피하는 것이 아니라 깊어지는 것이며 세상 속으로 더 깊게 들어가고자 하는 과정일 거라고 믿습니다.

김형, 거기서 다시 김형과 만나게 될 것임을 나는 믿고 있습니다. 그렇다고 몸과 마음의 균형이 되찾아지고 나면 바로 세상 속으로 달려나가 김형을 만나지는 않을 것입니다. 이제는 아주 천천히, 과욕을 부리지 않고, 평온한 속도로 걸어서 김형에게 갈 것입니다. 서늘한 별들과 함께 깜빡깜빡 밤이 깊어갑니다. 낮에 가만히 실눈을 뜨던 생강나무 꽃봉오리도 지금쯤은 조용히 눈을 감고 있을 시간입니다. 세상 속에서도 평온하시길 바랍니다.

해설

그의 귀환, 우리들의 출발

이문재(시인)

모든 시집에는 '문'이 있다. 그 문을 통과해야 시집의 안쪽으로 진입할 수 있다. 그 문이 바로 서시(序詩)다. 시집의 전체 메시지나 분위기를 압축하는 서시(제목이 대신할 수도 있지만)는 거개가, 문처럼, 시집의 맨 앞에 자리잡는다. 물론 시집 전체를 관통하는 한 편의 시가 없을 수도 있다. 서시가 없는 시집은, 출입구가 없어 창문을 통해 드나들어야 하는 건물처럼, 매우 특이한 시집이다. 난해한 시집이다.

모든 시집에는 서시 역할을 하는 시가 있다. 도종환 시인의 새 시집 『해인으로 가는 길』의 서시는 단정하다. 새벽 산사의 초입에 서 있는 당간지주처럼 불필요한 장식이 없다. 군더더기 말이 없다. '뼈의 언어'가 범종 소리처럼 긴 여운을 남긴다. 시집의 맨 앞에 자리잡은 서시 「산경」은 일주문이다.

벽 없는 문, (최소한 네 개가 아니라) 단 두 개로 서 있는, 불안한 구조, 그러나 대웅전 못지않게 오래 버티는 건축물이 일주문이다. 속(俗)은 일주문 앞에서 머뭇거린다. 승(僧)은 일주문 앞에서 몸과 마음을 추스른다.

「산경」 전문이다.

> 하루 종일 아무 말도 안 했다
> 산도 똑같이 아무 말을 안 했다
> 말없이 산 옆에 있는 게 싫지 않았다
> 산도 내가 있는 걸 싫어하지 않았다
> 하늘은 하루 종일 티 없이 맑았다
> 가끔 구름이 떠오고 새 날아왔지만
> 잠시 머물다 곧 지나가버렸다
> 내게 온 꽃잎과 바람도 잠시 머물다 갔다
> 골짜기 물에 호미를 씻는 동안
> 손에 묻은 흙은 저절로 씻겨내려갔다
> 앞산 뒷산에 큰 도움은 못 되었지만
> 하늘 아래 허물없이 하루가 갔다

이 시는 시집 전체를 압축하고 있다. 시의 화자는 이 길지 않은 시 안에서 성숙, 숙성의 단계를 통과한다. 시의 화자는 산 아래, 세속 도시에서 사용하던 언어를 내려놓는다. 그러자 산 역시 '말없는 말'로 반응한다. 낡은 언어, 오래된 언어, 병든 언어를 내려놓자, 자연은 '나'를 받아들인다. 모든 것은 변화하고 있었다. 스스로 흘러가고 있었다. 자동사의 세계였다. "저절로" 이뤄지는, 스스로 그러한 세계. 자연과 우주는 물론이고 스스로에게도 허물이 없는 생활이다. 모든 것이 명명백백하다.

시의 도입부, 즉 1행부터 4행까지는 '입산' 초기의 심경을 환기한다. 이어 5행부터 9행까지는 이윽고 산속 생활에 적응하는 시기. 호미를 씻는 9행부터 마지막 행까지는 산속 생활에서 자립할 수 있는 단계를 보여준다. 제목 '산경'은 산경(山徑; 산길)이 아니고 산경(山耕), 산경(山經)이리라. 산속에서 홀로 땅을 갈며 얻은 깨달음이다. 아니, 그 깨달음으로 가는 초입이다. 산의 전모, 자연의 전부가 등장하지만, 아직 내가 나를 버리지 못하고 있다. 산 "옆에 있"지만 산보다 내가 우선이다.

시집은 (시인의 산문에서 고스란히 드러나 있듯이) 무너진 몸, 아픈 마음을 치유하기 위해 홀로 산속으로 들어가 지낸 삼 년 동안의 체험과 사유로 가득 채워져 있다. 삼 년은 천 일이거니와, 시인은 산속에서 "거덜난" 몸으로 '천일기도'를 드린 것이다. 천일기도는, 거덜난 오체를 투지하는 것이었다.

시집은 먼저, 산속 생활의 낯설음과 불편함과 마주친다. 당연하다. 당연해서 자연스럽고, 자연스러워서 아름답다. 아름다워서 단순하고, 단순해서 힘이 있다.

단절과 두절에 익숙해질 무렵, 그러니까 자발적 망명이 자기 내면에 독립 정부(政府)를 수립할 무렵, 시인은 과거사를 청산한다(청산하지 않은 과거는 미래다. 청산하지 못한 과거는 미래로 먼저 가 있다가 그 과거에 연루된 자들의 발을 걸어 넘어뜨린다). 살아온 날들을 하나하나 호출해, 시시비비를 가린다. 그런데 지나온 날들을 반추하는 시인의 시선은 후회가 아니라 반성의 시선이다. 후회는 후회하는 자를 옥죄어 쓰러뜨리지만, 반성하는 자는 반성 속에서 앞으로 나아갈 에너지를 거머쥔다. 후회는 과거에 붙들리지만, 반성은 과거로부터 돌아선다.

뉘우치지 않고 움켜쥐는 희망은, 자기 것이 아닐 때가 많다. 뉘우침에 바탕하지 않은 희망은 가볍다. 그런 희망은 여기저기서 구입하기가 쉽다. 그런 희망은 미래가 아니라 엉뚱한 곳을 가리킨다. 그리하여 그런 희망은 희망하는 자를 속인다. 시인은 산속에서 후회에 지지 않는다. 그렇다고 미래가 내미는 손을 덥석 잡지도 않는다. 반성이 성찰로 올라섰기 때문이다. 시 「산벚나무」에서처럼 "절망을 하찮게 여기지 않았듯/희망도 무서워할 줄 알"게 된 것이다.

천일기도가 중반으로 치달으면서 반성은 성찰의 차원으로

넘어간다. 몸과 마음은 차츰 회복기로 접어든다(자연은 회복실이다). 선업조차 하나의 업으로 보이고, "깨달음 얻은 뒤에도/비 오고 바람 분다"(「돈오의 꽃」)는 경지에 도달한다. 이 성찰의 단계에서 산속의 일상적 삶이 구체성을 확보한다. 이 시기의 시들에서 몸과 마음은 잘 말라 있고, 투명해져 있다. 몸이 돌아오자, 마음도 돌아왔다. 실로 오랜만에 자기 자신과 상봉하는 것이다. 내가 나를 회복하자, 그리하여 내가 나와 일치하자, 시간의 속살이 다 보일 지경이다. 가볍고 투명해지자, 고요해지고 충만해진다. 하덕규의 〈한계령〉 가사를 빌리면, 성찰의 끝자락에서 산은 시인에게 '내려가라, 내려가라 한다'. 하산하라고 한다. 하산은 새로운 각오, 새로운 출발이었다.

> 생의 가장 헐벗은 시간을 견디는 자에게 내린
> 혹독한 시련을 찬란한 의상으로
> 바꾸어 입을 줄 아는 게 나무 말고 또 있으니
> 돌아가 찾아보라고 말합니다
> 돌아가 부디 침묵하고
> 돌아가 알게 되어도 겨울나무들의
> 소리 없는 배경으로 있어달라고
> ―「눈꽃」 중에서

자발적으로 도시를 등지고, 산속으로 들어가 자기 자신과 마주하고자 하는 시인의 자리를 주목해보자. 시인은 산속에서 어디에 있는가. 시인은 산의 앞이나 뒤, 또는 위나 아래에 있으려 하지 않고, '옆에' 있고자 했다. '옆의 시학'이라고 명명해도 좋을 시인의 이 무의식은 쉽게 드러나 있지 않다. 몇 군데에서 언뜻 비칠 뿐이다.

> 말없이 산 <u>옆에</u> 있는 게 싫지 않았다
> 산도 내 <u>옆에</u> 있는 걸 싫어하지 않았다
> ─「산경」 중에서(이하 밑줄은 필자)

> 그러나 아직 나는 해인에도 이르지 못하였다
> 지친 육신을 바랑 <u>옆에</u> 내려놓고
> 바다의 그림자가 비치는 하늘을 올려다보며 누워 있다
> ─「해인으로 가는 길」 중에서

> 낮은 곳에는 낮은 곳에 어울리는 목소리가 있다
> 네 <u>옆에</u> 편안히 앉을 수 있는 빈자리가 있다
> ─「길」 중에서

> (……)오래 그리워한 맑고 또랑또랑한 목소리 <u>옆에</u> 몸을

부리고 눕고 싶었다

　　　　　　　　—「고요한 강」중에서

　시인의 위치는, 무의식이라기보다는 세계관이다. 세계를 대하는 태도, 자세다. 앞이나 뒤, 위나 아래는 권력의 관계다. 앞이나 위는 지배의 위치이고, 뒤나 아래는 종속의 자리이다. 그런데 시인은 전후, 상하가 아니고 '옆'을 발견한다. 옆은, 견인이나 추종의 자리가 아니다. 서로가 서로를 이끌어주는 동행의 자리다. 서로가 서로에게 동반자이다. 누군가, 혹은 무엇인가의 옆에 설 때 저 폭력적인 위계는 사라지고, 평등과 평화의 관계가 세워진다. 이때 동반(同伴)은 도반(道伴)으로 승격한다. 동반이 연민에 바탕한 상호보완이라면, 도반은 화이부동(和而不同)의 차원으로 올라선다.「산경」의 후속편인「산가」후반부를 보자.

　　산그늘 일찍 들고 겨울도 빨리 오는 이 골짝에
　　낮에도 찾는 이 없고 밤에도 산국화뿐이지만
　　매화나무도 나도 외롭다는 생각은 하지 않았다
　　매화는 매화대로 나는 나대로 그냥 고요하였다

　「산가」의 전반부는 산골생활에 어느 정도 적응한 일과를

제시한다. 낮에는 차나무 씨앗을 심고, 장작을 팬다. 밤에는 시를 읽거나 별을 헤아린다. 찾아오는 벗도 없지만, 자폐증에 시달리지 않는다. 유폐되었다는 피해의식에서 벗어나 있다. 어느새 산골은 산골대로 나는 나대로 "그냥 고요"할 수 있게 되었다. 산골과 나는 서로 도반이었다. 함께 있는 것만으로도 서로에게 도움을 줄 수 있는 세계, 그것이 바로 자연이었다. 자연은 서로 긴밀하게 연결되어 있는 유기체였다.

    시인은 불경, 특히 화엄사상과 선불교에 의지해 산길을 올라, 산속에서 자립하려고 한다. 그런데 여기 또 하나의 스승, 또 하나의 역할 모델이 있다. 이른바 '땅에 뿌리박은 삶'의 실천적 표본인 스콧 니어링을 읽은 것이다. 20세기 초반, 이념 대립이 극심하던 미국의 주류사회에서 쫓겨난 지식인 스콧 니어링은 헬렌 니어링과 함께 버몬트 주의 숲속으로 들어간다. 「저녁숲」에서 시인은 스콧 니어링의 삶을 "진보에 대한 희망도 길도 잃었고/세상으로부터 철저히 소외되었지만/그 대신 거대한 광기와 파괴와 황폐함에서/벗어날 수 있었습니다"라고 간추린다. 그러면서 시인 자신의 삶을 스콧의 삶 위에 포갠다. 시인 자신의 상황과 흡사했기 때문이다.

    화엄사상과 생태학은 크게 다를 바 없다. 화엄학과 생태학의 대전제는 모든 것은 서로 연결되어 있으며, 모든 존재는 저마다 중심이라는 것이다. 그러므로 화엄경의 선재동자는 오늘날 스콧 니어링으로 대표되는 생태학적 실천들이다. 「저녁 숲」의 화자는 "생의 후반에 당신을 알게 되어서 기쁩니다"라고 고백한다. 도종환 시인의 삶과 시는 화엄사상과 생태학이 만나는 또 하나의 꼭짓점이다. 불교에서 가장 큰 깨달음의 상징 가운데 하나인 해인(海印)은 생태학적 삶이 추구하는 단순한 삶, 조화로운 삶, 일관성을 잃지 않는 삶과 다르지 않다.

산골에서 혼자 뒤돌아보는 지나온 삶, 두고 온 삶은 쓰라린 것이었다. "모순과 싸워 이긴 날들의 업적"은 "똑같은 크기로 쌓이는 이 업"으로 남아 있다. "빛이 보이는 곳을 향해/이렇게 많은 산을 넘어왔는데/진정으로 자유로워지지"(「미황사 편지」)는 않는다. 세상의 중심에서 불의와 맞서 싸웠지만, 그리하여 한때 승전가를 불렀지만, 그때뿐, 사람과 세상은 달라지지 않았다. 시인으로서도 마찬가지였다. 「내 안의 시인」에서 시인은 위태롭다. 출발할 때의 각오와 현재의 '나' 사이가 너무 아득해져 있는 것이다.

바알갛게 물든 감잎 하나를 못 버리고
책갈피에 소중하게 끼워두던 고운 사람
의롭지 않은 이가 내미는 손은 잡지 않고
산과 들 서리에 덮여도 향기를 잃지 않는
산국처럼 살던 곧은 시인 몰라라 하고

나는 오늘 어떤 이들과 한길을 가고 있는가
내 안에 시인이 사라진다는 건 마지막까지
남아 있던 최후의 인간이 사라지는 거라는데
(……)
나는 어떤 이를 내 가슴속에 데려다놓은 것일까

 "거덜난" 몸의 상태를 가장 잘 드러낸 시편이다. 모든 사람의 가슴속에는 시인이 살고 있는데, 그 시인이 사라진다는 것은 최후의 인간이 사라지는 것이라는 프로이트의 경구를 인용한 이 시는, 시인으로서 감지할 수 있는 최후의 위기감이다. 원래 시인은 "눈빛 여린 시인"이었고 "맑은 귀를 가진 시인"이었으며 "산국처럼 살던 곧은 시인"이었고 "손이 따뜻하던 착한 시인"이었다. 그런 시인이, 시인이 있던 자리에 "어떤 이"들을 데려다놓은 것이다. 그 어떤 이들은 「미황사 편지」에 등장한 바 있는 동지들, 전사들이었을 것이다.

 산골에 처음 들어갔을 때, 지친 심신은 아직 산 아래, 힘의 논리가 지배하는 주류사회의 기억들을 떨쳐버리지 못하고 있었다. "번뇌를 한 짐 지고 와 앉아 있으면/산속에 들어와 있어도 하수구 냄새가 난다". 산속까지 들어와서도 산 아래 시절을 버리지 못하다니 "굽이굽이 어리석기가 구절양장"(「구절양장」)인 것이다. 시인은 자신을 거덜나게 한 거대담론을 내려놓고 하늘과 구름, 나무와 새, 벌레와 돌, 물과 바람을 주목한다. 그리고 장작처럼 마르기를 갈망한다. 투명해지기를 갈망한다. 이같은 간구는 "여기서 길 만나지 못하면/어디서 다시 길을 찾을 수 있을 것인가"(「구절양장」)라는 절박한 문제의식에서 비롯한 것이다. 화두는 목숨을 걸지 않으면 풀 수 없는 질문이다. 시인은 자신의 산골생활을 "백척간두"라고 받아들인다. 지금·여기서 한 걸음만 더 내딛으면 되는 것이다.

세속으로부터 도피했다면, 길찾기는 험난했으리라. 주류 사회로부터, 중심으로부터 패배했다는 의식이 도저했다면, 그리하여 몸을 거덜나게 한 병의 원인을 외부에서만 찾았다면, 산골은 감옥이었을 것이다. 그랬다면, 산골은 그 동안 헤어져 있던 자아와 만나는 장소가 아니라 분노와 증오가, 자폐와 분열이 임계점까지 끓어오르는 아수라장이었을 것이다. 그랬다면, 시인은 회복하지 못하고, 치유하지 못하고, 고꾸라졌을 것이다. 만신창이가 되었을 것이다. 자폭했을 것이다. 하지만 시인은 자신의 아픈 몸과 상처받은 마음을 축복으로 전환한다. 대긍정이다. 일대 전환이다.

＊이른 봄에 내 곁에 와 피는
봄꽃만 축복이 아니다
내게 오는 건 다 축복이었다

고통도 아픔도 축복이었다

　　　　　　　　　　　　　　　　—「축복」 중에서

사랑이 그때 우리를 불태우지 않았다면
예기치 않은 산불이 우리를 태우고 갔으리

착한 열정으로 우리가 넘치지 않았다면
이름도 모르는 파도가 우리를 휩쓸고 갔으리

　　　　　　　　　　　　　　　　—「청년」 중에서

　그리하여 「돈오의 꽃」과 「두 시간」에 도달한다. 돈오(頓悟)는 확철대오다. 한순간에 깨쳐버리는 것이다. 한순간에 내가 다 보이고, 세계의 진면목이 드러난다. 불가에서는 캄캄한 방에 불을 켜는 것에 비유한다. 하지만 돈오가 전부는 아니다. 산중 일각에서는 돈오면 충분하다, 돈오 다음에는 아무 것도 필요 없다는 날카로운 주장이 있지만, 산중의 다른 곳에서는 돈오 다음에 점수(漸修), 즉 부지런히 갈고 닦는 것이 돈오 못지않게 중요하다는 지론이 있다. 도종환 시인은 돈오돈수파보다는 후자인 돈오점수파에 가까워 보인다. "깨달음 얻은 뒤에도/비 오고 바람 분다"라고 "백 번 천 번 다시 죽어라/깨달음을 얻은 뒤에도/매일 별똥이 지고/어둠 몰려올 것이다"라고 「돈오의 꽃」을 번쩍 들어올려 보여주는 것이다. 돈수 이후의 비바람, 돈오돈수 이후의 별똥과 어둠은 그 이전과 전혀 다른 것이라고 반문할 수도 있지만, 나는 돈오점수 쪽에 찬성한다. 깨달음보다 그 깨달음을 유지하는 지속과 집중이 더 큰 관건으로 보이기 때문이다.

'돈오의 꽃', 즉 돈오 이후의 점수가 시 「두 시간」에서 상세하다. 한 달에 한 번 폐휴지를 분리해 배출하는 날, 갑자기 두 시간이 생겼다. 예정에 없던 어중간한 시간. 시인은 길에다 시간을 버리기가 아까워 즉석에서 두 시간을 꼼꼼하게 챙긴다. 먼저 "아욱국 데워 밥 한술 말아먹고/그릇들 정갈히 씻어 잘 마르게 엎어놓고/빗자루로 방을 쓸었다". 그리고 명상에 들었다가 닭 모이를 주고, 토끼들과 놀았다. 다시 들어가 차를 마시며 새로 나온 시집을 읽었고, 볼륨을 낮춰 티베트 음악을 들었다. 두 시간 동안 서두르지 않고 해낸 일의 목록이었다. 치과 진료를 앞두고 불청객처럼 찾아든 두 시간을 시인은 이렇게 잔잔하고 또 넉넉하게 채운 것이다. 돈오 이후 일상적 삶의 진수를 보여준다. 깨달은 자의 삶이란 무엇인가. 그것은 시간의 주인이 되는 것이다. 수처작주(隨處作主), 언제 어디서나 주인이 되라는 산중의 가르침을 「두 시간」은 여여(如如)하게 보여주고 있다.

도종환 시인은 천일기도를 마치고, 귀환했다. 산속에서 홀로 살면서 거덜난 몸을 치유했고, 딱지가 앉지 않던 상처를 어루만져 새살이 돋게 한 것이다. 산속에서 길을 발견한 것이다. 「산경」은 산경(山經)에서 다시 산경(山徑)으로 돌아온다. "아무리 가파른 산도/길을 지니지 않은 산은 없다는 걸" "길을 품지 않은 산은 없다는 걸" "길은 언제나 바로 그 깊은 곳에/감추어져 있다는 걸"(「피반령」) 깨달은 것이다. 그것은 "생애보다 긴 기다림" 끝에 찾아온 것인지도 모른다. 그리하여 「처음 가는 길」에서 베드로시안의 문장을 인용하며 "아무도 가지 않은 길은 없다"라고 선언한다. 내게는 이 시가, 도종환 시인이 천일기도를 마치고 단숨에 써내려간 '하산 법어'로 보였다.

> 아무도 가지 않은 길은 없다
> 다만 내가 처음 가는 길일 뿐이다
> 누구도 앞서 가지 않은 길은 없다
> 오랫동안 가지 않은 길이 있을 뿐이다.
> 두려워 마라 두려워하였지만
> 많은 이들이 결국 이 길을 갔다
> 죽음에 이르는 길조차도
> 자기 전 생애를 끌고 넘은 이들이 있다
> 순탄하기만 한 길은 길 아니다

낯설고 절박한 세계에 닿아서 길인 것이다

 근접감각과 비유, 이미지와 메시지 등에 대해 할말이 더 있는데, 지면은 모자라고, 시간은 늘 쫓긴다(나는 산중 산방이 아니라 오탁악세의 언저리 오피스텔에서 목숨을 부지하고 있으므로). 도종환 시인은 이번 시집에서, 한국 현대시가 줄곧 외면하고 있던 근접감각(시각은 대표적인 원격감각이다)을 효과적으로 구사하고 있다. 시각은 대상과 거리를 두지 않으면 작동하지 않기 때문에 태생적으로 패권적이다. 시각은 나머지 감각들을 제압한다. 보기 위해, 듣기, 냄새 맡기, 만지기, 맛보기는 이차적 기능으로 밀려난다. 근접감각은 산업 자본주의가 기승을 부리는 동안, 퇴화하거나 왜곡되었다. 그렇다고 시각이 승리한 것은 아니다. 시각도 시각 패권주의의 희생자다. 시각은 혹사당하고 있다. 감각은 지금 과잉과 결핍이라는 양극화에 시달리고 있다. 청각은 그 성격이 조금 다르지만, 청각을 비롯해 후각, 미각, 촉각을 온전하게 복원하는 기획이 생태학의 가장 기본적이고도 궁극적인 기획이라고, 나는 생각한다. 몸의 치유, 몸의 복원은 정확하게 감각의 치유, 감각의 복원이다.

 이번 시집은 또한, 이미지 과잉과 그에 따른 메시지 결핍으로 심각한 불균형을 보이고 있는 한국 시에 적지 않은 활력을 불어넣을 것으로 보인다. 이미지 과잉은 독자들을 멀어지게 한다. 이미지는 고급스럽고 세련될지 몰라도, 이미지를 추구하는 시는 현실과 시차가 있다. 이미지 시는 독자들의 삶의 문제를 건드리지 못한다. 이미지 위주의 시는 현실의 바깥에서 더 먼 바깥을 바라본다. 이미지 위주의 시는 다 읽고 났을 때 독자로 하여금 "그래서?"라고 질문을 하게 만든다. 독자들이 "그래서 대체 어쩌란 말이냐?"라고 물을 때, 이미지 위주 시의 답변은 궁색해진다. 이미지 위주의 시는 시를 위한 시다. 한국 현대시의 천칭은 이미지 쪽으로 내려가 있다. 그것도 너무 오래, 너무 많이 내려가 있다. 메시지에 무게를 실어야 한다. 균형을 잡아야 한다.

시가 독자들의 구체적인 삶의 문제에 개입하려면 메시지가 있어야 한다. 이미지의 효과를 버리지 않으면서 거기에 메시지의 힘을 결합해야 한다. 이름 하여 '이메시지'(image+message=imassage)! '이메시지'는 아마, 낯익은 이야기를 낯설게 하는 과정에서 튀어나올 것이다. 가령, 지금은 너무 느슨해져 있어 오히려 문제인 생태학적 상상력을 한번 더 낯설게 하는 과정에서 독자들의 마음을 움직이는 '이메시지'가 탄생할 것이다.

도종환 시인의 새 시집을 읽으면서, '이메시지' 시대의 도래를 예감했다. '이메시지'가 작품성과 대중성을 행복하게 결합시키며 한국 시의 새로운 르네상스를 앞당길 것이라고, 나는 생각했다. 그러므로 도종환 시인의 시집 『해인으로 가는 길』은 시인의 귀환인 동시에, 한국 시의 새로운 출발이기도 한 것이다.

도종환

충북 청주에서 태어나 충남대에서 박사학위를 받았으며, 주성대 문예창작과 겸임교수를 역임하였다. 신동엽창작상, 민족예술상, 2006 올해의예술상, 정지용문학상, 윤동주문학상, 백석문학상, 공초문학상 등을 수상했다. 시집 『고두미마을에서』 『접시꽃 당신』 『당신은 누구십니까』 『부드러운 직선』 『슬픔의 뿌리』 『흔들리며 피는 꽃』 『세시에서 다섯시 사이』, 산문집 『도종환의 삶 이야기』 『모과』 『사람은 누구나 꽃이다』 『그대 언제 이 숲에 오시렵니까』 『마음의 쉼표』가 있다.

해인으로 가는 길

ⓒ 도종환 2006

1판 1쇄 │ 2006년 4월 24일
1판 11쇄 │ 2014년 6월 23일

지은이 도종환
펴낸이 강병선
책임편집 조연주 오경철
마케팅 정민호 나해진 이동엽 김철민 조영은
온라인 마케팅 김희숙 김상만 한수진 이천희
제작 강신은 김동욱 임현식 │ 제작처 한영문화사(인쇄) 경일제책(제본)

펴낸곳 (주)문학동네
출판등록 1993년 10월 22일 제406-2003-000045호
주소 413-120 경기도 파주시 회동길 210
전자우편 editor@munhak.com │ 대표전화 031)955-8888 │ 팩스 031)955-8855
문의전화 031) 955-3576(마케팅) 031) 955-8864(편집)
문학동네카페 http://cafe.naver.com/mhdn

ISBN 89-546-0141-3 02810

* 이 책의 판권은 지은이와 문학동네에 있습니다. 이 책 내용의 전부 또는 일부를 재사용하려면 반드시 양측의 서면 동의를 받아야 합니다.
* 이 도서의 국립중앙도서관 출판시도서목록(CIP)은
  e-CIP 홈페이지(http://www.nl.go.kr/cip.php)에서 이용하실 수 있습니다.
  (CIP제어번호: CIP2006000852)

www.munhak.com

문학동네 시집

김남주	옛 마을을 지나며	김시천	마침내 그리운 하늘에 별이 될 때까지
김영현	남해엽서	이산하	천둥 같은 그리움으로
박 철	새의 선물	서동욱	랭보가 시쓰기를 그만둔 날
하종오	쥐똥나무 울타리	마종하	활주로가 있는 밤
김형수	빗방울에 대한 추억	김명리	적멸의 즐거움
서 림	伊西國으로 들어가다	김익두	서릿길
염명순	꿈을 불어로 꾼 날은 슬프다	박이도	을숙도에 가면 보금자리가 있을까
이동순	꿈에 오신 그대		
안찬수	아름다운 지옥	정영선	장미라는 이름의 돌멩이를 가지고 있다
박주택	방랑은 얼마나 아픈 휴식인가		
신동호	저물 무렵	윤희상	고인돌과 함께 놀았다
손진은	눈먼 새를 다른 세상으로 풀어놓다	최갑수	단 한 번의 사랑
		이윤림	생일
유강희	불태운 시집	양정자	가장 쓸쓸한 일
최영철	야성은 빛나다	박 찬	먼지 속 이슬
문복주	우주로의 초대	서 림	세상의 가시를 더듬다
권오표	여수일지(麗水日誌)	윤의섭	천국의 난민
하종오	사물의 운명	박 철	영진설비 돈 갖다 주기
주종환	어느 도시 거주자의 몰락	김철식	내 기억의 청동숲
오세영	아메리카 시편	박몽구	개리 카를 들으며
이윤학	나를 위해 울어주는 버드나무	김영무	가상현실
이재무	시간의 그물	양선희	그 인연에 울다
윤 효	게임 테이블	조창환	피보다 붉은 오후
고재종	앞강도 야위는 이 그리움	김영남	모슬포 사랑
이명찬	아주 오래된 동네	윤제림	사랑을 놓치다
정우영	마른 것들은 제 속으로 젖는다	강연호	세상의 모든 뿌리는 젖어 있다
함명춘	빛을 찾아나선 나뭇가지	한영옥	비천한 빠름이여
심호택	미주리의 봄	이희중	참 오래 쓴 가위
하종오	님	이순현	내 몸이 유적이다